非典型力量

THE WISDOM OF PSYCHOPATHS

What Saints, Spies, and Serial Killers Can Teach Us About Success

瘋癲的智慧、偏執的專注、冷酷的堅毅，
暗黑人格的正向發揮

凱文·達頓 著 陳琇玲 譯

KEVIN DUTTON

Contents

第四章　瘋子的智慧

第七章　超級理智……275

推薦序

人性的多元性與樂觀性

國立臺灣大學醫學院名譽教授　胡海國
財團法人精神健康基金會董事長

《非典型力量》這本書，以多層面人類行為實證資料，引人入勝地論述人格特性，引領讀者在閱讀中，順勢審視自己人格的方法，不只讓讀者增廣知性，更可拓展自我的瞭解。雖然不一定每位讀者都會贊同作者的論點，然而，作者凱文・達頓引經據典地以淺顯易懂的言語，敘述那「人格病態」者的外在表現與潛藏腦內事件，著實令人陶醉。另本書譯者陳琇玲小姐譯筆流暢，使生澀資料變得活潑易讀。我相信不少讀者更會亦步亦趨地接受作者的論旨。最重要的是，讀者可以清楚掌握腦科學知識，建立腦科學的架構，瞭解人類行為的緣由與結果，亦即以腦科學知識來瞭解一個人的人格特性及其個人——社會生活的成功與困擾。

相對於傳統的精神分析理論與行為學習理論，此書不只讓讀者對人格病態者的行為特性有深度的腦科學瞭解，並把讀者帶到認識人類行為的新境界——經由腦功能知識探討的資訊掌握人類行為。這帶來了一個嶄新的視野。例如，作者根據腦科學清楚地陳述人性特質的感性同理心與理性同理心，用以描述人格病態的病理特性，甚為生動、易懂。

人格病態者的人格特質有多種元素，本書特別強調他們「能成功完滿地」做了傷天害理的事，甚至成功偽裝自己，騙過行家的七項核心元素，含無情（冷靜、冷酷）、魅力、專注、堅毅、無畏、正念與行動。而這些人格特性在成功企業家、政治家、律師、外科醫師……等等行業均適用。另外研究人格病態的學者，也發展了《病態人格自我檢測表》，以測量一般人（不只是人格病態者）「人格病態」的得分。

作者在本書的一貫論述是「人格病態」存在一般人身上，甚至一般人也擁有種種精神疾病，如「憂鬱症」與「思覺失調症」的特性。就腦科學來說，腦基本功能的表現是人生活在世的本性。因此，說每個人有各種本性是可以理解的，但擁有各種本性，並不等於是完全健康，也不等於有疾病或人格病態。中肯地說，「成功的」人格病態者和成功企業家具有某些相同的人格特性（腦功能），使他們成就了「成功」，但人格病態者與成功企業家之間，尚有其他不同的腦特性存在，以決定病態與否。

因此，我鼓勵讀者，閱讀此書時，若能以批判的眼光多做判斷，那麼當可以在閱讀中，更清楚地掌握本書所傳達，以實證腦科學為基礎，瞭解人類複雜行為的觀點，畢竟，人是複雜的存有，人的行為具有非常複雜的相對性。人格病態之所以病態，是因為它違背了「自我最佳存活」之條件，「自我最佳存活」有兩個要件：第一、自我存活得好；第二、自我所屬環境也好。而人格病態者，對別人之病態性傷害就是有違「自我所處環境也好」之條件，所以稱為病態。所有成功企業家、外科醫師、律師、宗教家均充分的固守「自我最佳存活」的兩個要件，當然不能稱之為有多少成分的「人格病態」，肯定是他們具備有成功「自我最佳存活」，成就精神樂活的人格特質。

「人格病態者」善於偽裝，具冷酷性情，傷人無自責、罪惡感，雖然「惡行」可以成功，也不可與各行業有成就的人相比擬。可以清楚的陳述如下：各行業有成就的人，具備「成就其自我」與「成就其環境」的種種人格特性；人格病態者只具有「成就自我」的人格特質，而缺乏「成就環境」，甚至具有「傷害環境」的人格特質。我認為就品質上而言，人格病態者與一般人是截然不同的，所以不宜陳述為成功的企業家，也有些許的人格病態。

這本《非典型力量》，可以提供專業與非專業人士觀察人性的重要參考。作者廣泛引述解釋人類行為的種種論點，諸如人類演化學、腦科學、生物神經科學、認知神經科學、社會神經科學、法律神經科學、倫理神經科學、宗教、哲學……等等。閱讀此書，使讀者跳脫解釋人類行為的單一理論，使讀者有一種豁然開朗的感受，對人類行為（本書以人格病態為例子），有更明朗的解釋，這也是我認為此書「引人入勝」之處。作者善於運用社會新聞、政治事件、歷史事件、小說戲劇等情節，以及個人日常生活經驗（例如細緻而生動地陳述他父親的生意經）來布局他那嚴謹的腦科學資訊，讓讀者感受順流而下的閱讀樂趣，這同樣是我體會本書那「引人入勝」的力道。

我一向關心每個人日常生活的成功調適，要著重保養頭腦、訓練腦功能、成長智慧腦的精健道（精神健康之道）。《非典型力量》一書，有助於人人對腦功能、人格特性與人本性的瞭解，當然有助於台灣社會精健道的推廣，以為推薦。

一念之間，讓天堂如地獄，地獄如天堂。

——約翰．彌爾頓《失樂園》

前言

偉大的天才總有些瘋狂

我父親是一名人格病態者。回想起來，現在說他精神有問題似乎有點奇怪，但毫無疑問，事實就是如此。他魅力十足，無所畏懼又冷酷堅決，但是卻一點暴力傾向也沒有。不過在良知上，他跟變態冷血的連續食人魔傑弗瑞・達默（Jeffrey Dahmer）[1]沒什麼兩樣，只是他沒殺過人；但在某些方面，他確實有殺傷力。

幸好，基因不能決定一切，對吧？

我父親還有一種相當奇特的本領，他只要隨便講句話，或使個說服力十足的手勢，就能得到自己想要的東西。有人說他看起來就像英國情境喜劇《只有傻瓜和馬》（Only Fools and Horses）裡面那個口若懸河、自信十足的生意人「德爾小子」（Del Boy）。沒錯，他們不但長得像，行為舉止像，就連職業也像，我父親也是生意人。

而這齣情境喜劇的情節也經常在我家上演。

1 又稱密爾瓦基食人魔，於一九八八至一九九一年間犯下多起連續殺人案件。

記得有一次，我幫父親在倫敦東區襯裙巷（Petticoat Lane）市場兜售一批日誌，那時我才十歲，當天還要上課。這批日誌值得收藏，因為裡面大有問題，少印了一個月。

「爸，這些日誌賣不掉啦，」我抗議說，「裡面沒有一月份啊。」

「我知道，」他說。「就因為這樣，我才忘記你的生日。」

「鄉親們，大好機會來了！只有十一個月的日誌……現在買一送一，明年你就可以免費多過一個月啦……千萬別錯過。」

後來，那批日誌銷售一空。

我一直覺得父親的個性在現代社會一定如魚得水。我從沒看過他驚慌失措或焦慮不安，也沒看過他因為什麼事情大發脾氣。相信我，有好幾次情況真的讓人生氣，但他卻沒發火。

「有人說，人類為了保護自己不受掠食者的攻擊，而發展出『恐懼』這種生存機制。」父親曾經跟我這樣說。「但是，兒子，現在你在倫敦大象堡（Elephant & Castle）[2]附近沒有看到很多劍齒虎徘徊逗留，對吧？」

他說得沒錯，我當然沒在大象堡附近看到什麼劍齒虎，或許有一些蛇出沒。但是，大家都知道那些「老虎和蛇」，指的是一些兇神惡霸。

長大後有很長一段時間，我常把父親講的智慧妙語，當成他在市集擺攤時招攬客人的推銷辭令。那些話他今天講講，明天就忘了，如同他賣的那些破銅爛鐵一樣好笑。但多年後，現在我才明白老謀深算的父親所講的話，其中隱藏著生物學的深切真理。事實上，他神奇又十分精準地，預料到現代演化心理學家的觀點。看來，人類確實為了保護自己不受掠食者的威脅，而發展出「恐懼」這種生存機制。舉例來說，杏仁核是大腦掌管情緒的中心，杏仁核受損的猴子會做出一些蠢事，好比說：牠們不懂得害怕，看到眼鏡蛇也敢抓。

不過，經過幾百萬年的演化，當今世界的大街小巷野生動物早已銷聲匿跡。可是，這種恐懼機制卻變得過度敏感，讓我們對根本不存在的危險做出反應，以致於經常做出一些不合邏輯又缺乏理性的決定，就像緊張兮兮的司機擔心有突發狀況，會把腳一直踩在剎車上一樣。

「現在已經不像更新世那麼危險了，」美國卡內基美隆大學（Carnegie Mellon University）經濟學暨心理學教授喬治・羅威斯坦（George Loewenstein）指出。「但從病理學的觀點來說，人類有規避風險的傾向。而且，影響我們情感的許多機制，到目前還無法完全適應現代生活。」

2 倫敦市中心其中一區。

如此一來，我更認同我父親的說法。

不用說，「現代人傾向於規避風險」這種說法未必正確。事實上，就算我們當中長期為焦慮所苦，在臨床上屬於風險規避的那群人，他們在現代社會中還是可以過得很好。演化生物學家認為，我們的祖先正是因為對威脅的高度警惕，才能在保護自己免受掠食者攻擊的過程中存活。從這個角度來看，焦慮無疑是一大優勢，它加強人類對環境的適應力，比方說：你對樹叢沙沙作響的聲音越敏感，就越可能讓自己、家人和其他親友生存下來。即便現在，焦慮症患者對於威脅的警覺性，也比我們常人高出一籌：當電腦螢幕上出現一群面無表情或表情開心的人臉時，突然迅速閃過一張生氣憤怒的臉，焦慮症患者就能比常人更快發現這張臉。萬一你剛好晚上獨自一人走在不熟悉的街道上，就能仰賴這種能力保持自身安全。所以，有時擔憂也是有幫助的。

精神障礙雖然會讓患者承受莫大的憂傷與痛苦，有時卻能帶來很多非比尋常的好處，這樣講當然不是什麼新奇的見解。早在二千四百多年前，哲學家亞里斯多德就說過：「偉大的天才總有些瘋狂。」因為《雨人》和《美麗境界》這二部電影都與自閉症和思覺失調症[3]有關，隨著票房大賣，讓大多數人以為「天才」和「瘋狂」之間有著某種關聯。神經病學家及精神科醫師奧立佛．薩克斯（Oliver Sacks）在其著作《錯把太太當帽子的人》（*The Man Who Mistook His Wife for a Hat*）中，提及他跟一對「雙胞胎」之間的奇遇。當時二十六歲的約翰和麥克是重度自閉症患者，二人同住一家療養院時，有次看到一盒火柴散落地面時，居然同時叫出聲來：「一百一十一。」後來薩克斯把火柴撿起來，開始數數究竟有多少支火柴。

同樣地，大家會想到那些「深受情緒所苦的出色藝術家」，這種聯想並非毫無根據。畫家梵谷、舞蹈家瓦斯拉夫・尼金斯基（Vaslav Nijinsky）和「賽局理論」之父約翰・納許（John Nash）都是人格病態者。是巧合嗎？匈牙利塞麥爾維思大學（Semmelweis University）研究員史扎波科斯・克利（Szabolcs Kéri），便找到遺傳多型性（Genetic Polymorphism）、思覺失調症和創造力三者之間的關聯。克利發現，那些有二個「神經調節素1」（neuregulin 1）基因拷貝變異者，在針對創造力進行的測驗中，通常得分高於常人。一般來說，他們也比常人更富創造力。先前大家只知道這種變異不僅跟精神疾病有關，也跟記憶力衰弱和在意他人批評有關。

就連憂鬱症也不是什麼壞事。根據新近研究顯示，沮喪有助於思考，讓人們更加專注，也提升解決問題的能力。澳洲新南威爾斯大學（University of New South Wales）心理

3 思覺失調症，過去俗稱精神分裂症，衛生福利部於二〇一四年六月宣布，將「精神分裂症」正式更名為「思覺失調症」。

學教授喬・佛加斯（Joe Forgas）便曾進行一項極富巧思的實驗。他把玩具士兵、塑膠動物玩偶和火柴盒小汽車這類小玩意兒，擺在雪梨一家小文具店的收銀台旁邊。顧客走出店門口時，佛加斯請他們盡可能說出自己看到哪些小玩意兒，藉此進行記憶力測驗。這項測驗有一個陷阱就是，雨天時，佛加斯會請店家播放威爾第的〈安魂曲〉；晴天時，顧客則是聽到英國編劇家吉爾伯特（William S. Gilbert）跟作曲家蘇利文（Arthur Sullivan）共同創作的輕歌劇。

實驗結果再清楚不過：雨天讓顧客情緒低落，變得更加專注。因此記住的小玩意種類，幾乎是其他時候的四倍。這件事告訴我們什麼？天氣好時，可別興奮過頭，結帳別忘了要店員找錢。

講到精神疾病帶給人們的好處，除了憂鬱外，還有喜怒哀樂這些情緒或是意外驚喜，也多少會產生一些好處。強迫症患者有什麼優勢呢？他們用完瓦斯絕對會記得關掉。偏執狂呢？他們絕對不會抵觸協議中的附屬條款。其實，恐懼和悲傷是五種基本情緒中的二種，在精神疾病上分別以焦慮和憂鬱呈現。在任何文化中，人們在日常生活中都會經歷這五種基本情緒。不過，有一群人例外，他們就算在最艱困痛苦的情況下，也不會有這些情緒體驗，這群人就是人格病態者。就算沒把瓦斯關掉，他們也不會擔心。這樣有什麼好處呢？

如果你問人格病態者這個問題，通常他們會認為你才是瘋子。你要知道，對人格病態者來說，這根本沒什麼好擔心的，即便在困境中，他們也只看到光明。就拿我父親兜售日誌那件事來說，一年有十二個月，只印了十一個月的日誌根本是印壞了。你覺得要把那些日誌賣掉簡直天方夜譚，但我父親卻不這麼想。他的想法正好相反，印錯了反倒是一大賣點。

會這樣想的人不只我父親，或許有人會說，我父親這種行徑並沒有太離譜。但我告訴大家，在我從事研究生涯中，除了自己親人外，還認識各行各業形形色色的人格病態者。我私下見過許多跟食人魔醫師漢尼拔．萊克特（Hannibal Lecter）和連續性侵殺人魔泰德．邦迪（Ted Bundy）[4]類似的人格病態者：他們都是冷酷無情、喪失良知的社會精英，他們就跟你所知道的人格病態者一樣為所欲為。但我也遇過打從心裡不是要毀滅社會的人格病態者，這群人始終冷靜理性地做出決定，以此保護社會並做出貢獻。這種人包括外科醫生、軍人、間諜、企業家，就連「律師」這個為人詬病的職業也在內。

「不管你有多厲害，都別太驕傲，別讓人看出來。伙伴們，真正的訣竅就是：越低調

4 活躍於一九七三年至一九七八年的美國連環殺人魔。

越好，裝瘋賣傻，當個無名小卒。看看我，我從第一天起就明白這道理，到現在為止，大家一直低估我的實力。」這是艾爾．帕西諾在電影《魔鬼代言人》中，飾演某大律師事務所首席律師時的台詞。他在電影裡就是魔鬼的角色，難怪這番話一針見血。如果說精神病患者有什麼共通點，那就是他們都懂得偽裝自己。在日常生活中，他們與常人無異，但在巧妙高明的偽裝背後，卻隱藏著掠食者那般冷酷無情的心。

就像一位事業相當成功的年輕律師，在他俯瞰泰晤士河景的頂樓豪華公寓陽台對我說的話：「我覺得自己內心深處的某個角落，住了一名連續殺人犯，但我用古柯鹼、F1賽車、美女和法庭上無止盡的訊問，把他侍候得服服貼貼。」

我聽他這一說，趕緊離開陽台邊牆。

與他居高臨下會面過後，他還開快艇送我回到泰晤士河下游的飯店。從某方面來說，這次經歷證實我對人格病態者提出的一個理論：我們對人格病態者如此好奇，有一個原因是我們被假象給騙了，被那些表面上看起來正常，深入檢視後其實不然的事情給誤導了。「蟻蟹蛛」（Amyciaea lineatipe）這種蜘蛛類動物，能夠偽裝成螞蟻的樣子，讓牠們誤認為是同伴。等到蟻群從假象中發覺大事不妙時，為時已晚。我採訪過的人很多都知道那是什麼感受，但請相信我，這些人還能活得好好的，可真幸運。

現在，看看下面這張圖。你看到幾顆足球？六顆嗎？再仔細看看，還是六顆？（詳見本文結尾的解答。）

人格病態者就是這樣。他們表面上風度翩翩，善用魅力和個人特質，把自己的「真面目」偽裝得天衣無縫。這一切讓我們分散注意力，無法識破他們潛藏多年的異常，其實歷歷在眼前。原因就是他們極度興奮又具催眠效果的行為舉止，讓我們無法抗拒而深受吸引。

當然，就像倫敦那名年輕律師一樣，有時人格病態者對我們也有好處。也如同焦慮、憂鬱和其他許多精神障礙那般，他們有時適應力很強。我們也會發現，他們擁有各式各樣的特質，比方說：他們很有個人魅

力，天生又懂得偽裝自己。只要知道如何駕馭和控制這些特質，無論在職場或日常，通常都能如魚得水，占盡優勢。精神疾病就像陽光，過度曝曬可能讓人加速死亡，但是有規律、適度地曬曬太陽，對健康和生活品質都有相當積極正面的影響。

在本書後續章節裡，我們會仔細審視這些人格病態者的特性，學習如何跟自己的心理技巧結合，藉此改善生活。我這樣做當然不是要美化人格病態者的行為，也不是讚揚精神失常者那些具毀滅性的脫序特質。那樣等於在美化惡毒的理念，或對邪惡人格歌功頌德。不過，有證據顯示，有一點兒人格病態，反而會有出乎意料的好處。

這方面，我親眼看過一些例子。我父親從商多年後退休，退休後並沒有獲得上帝的眷顧（雖然他騎三輪車叫賣做生意時，對各種神佛之物來者不拒，有什麼貨就賣什麼）。後來，他得了帕金森氏症，在很短的時間內，從原本能在十秒鐘內打包行李（這種本領通常很有用），變成即使旁人攙扶也無法站立的人（他會說，「以前，通常警察才這樣抓小販」。）

然而，我在父親死後才知道他風光過，至少我是在他去世後才注意到這一點。父親葬禮後不久的某一晚，我在檢查他的遺物時，偶然發現抽屜裡有一份手寫筆記。這些筆記是父親死前幾個月幫忙照顧的看護寫的（當時父親力排眾議，堅持要住在家裡）。我想這些看護「日誌」也是應他要求寫的。

我記得第一眼看到這些筆記時最震驚的是，藍色或黑色手寫筆跡寫得條理分明又相當仔細，又不會誤以為受照顧者是女性。但我一頁頁看下去，就越來越明白父親過世前的那幾個月有多麼單調乏味，他最後在市場擺攤那段時光一定也過得很淒涼。即使這樣，我去看他時，他完全沒表現出自己過得不好。帕金森氏症或許讓手腳失去行動能力，但跟他在精神上承受的痛苦相比，根本不算什麼。

筆記裡清楚描寫我父親當時的狀況：

「七點三十分叫達頓先生起床。」

「幫達頓先生刮鬍子。」

「幫達頓先生做一個小黃瓜三明治。」

「幫達頓先生倒杯茶。」

這類紀錄一直不斷地重複。

我看著看著，很快就覺得厭煩。於是，我開始亂翻，然後有些內容引起我的注意。在一頁密密麻麻的字跡中，突然出現黑色大寫字體的潦草字跡：「達頓先生把輪椅推下走廊。」再翻幾頁我又看到：「達頓先生在陽台表演脫衣舞。」

我直覺認為父親是在裝瘋賣傻。但是，這才是我父親的真性情，這就是他這輩子常做的事，在病痛折磨時，他又何必再壓抑自己？

況且對父親來說，遊戲規則已經改變。這時我才明白，他以往在街頭叫賣打折促銷的那套說法，背後其實隱藏著更重要的事實：訴說出一個備受壓抑的男人，他的大腦迴路和神經突觸被絕望無情地控制著，但是在形勢緊急時，他卻會以無以克制的失常行為奮戰下去。

所以，輪椅和脫衣舞就這樣日復一日，突如其來地打敗刮鬍子、小黃瓜三明治這類瑣事。

況且，就算我父親這樣亂來，那又如何？

解答：沒錯，你答對了，這張圖裡有六顆球。但現在，請你仔細瞧瞧那個人的雙手，有沒有發現什麼地方怪怪的？

第一章

蛇蠍本性

偉大與良善無法兼具。

——邱吉爾

蠍子和青蛙坐在河邊，都等著過河到對岸。

蠍子從蘆葦叢中出聲說：「青蛙先生您好！可以請您行行好，讓我爬到您背上順道過河去嗎？我有要事得到對岸去，可是河水太湍急，我自己沒辦法游過去。」

青蛙馬上起了疑心。

青蛙回答說：「喔，蠍子先生，我知道您有要事到對岸去。但是您的請求，我可得慎重考慮。您是隻尾巴後面有根大毒刺的蠍子。要是我讓您爬到我背上，您就會露出本性螫我。」

蠍子早就料到青蛙會拒絕，於是反駁說：「親愛的青蛙先生，我完全可以理解您的顧慮。不過，螫您顯然對我也沒有好處。我真的必須過河到對岸。我跟您保證，我絕對不會傷害您。」

青蛙認為蠍子講得有理，就勉強答應讓這隻花言巧語的節肢動物爬到自己背上。然後，青蛙廢話不多說，馬上跳進河裡。

起初，一切進展順利，確實按照計畫進行。可是過河過到一半時，青蛙突然覺得背上一陣刺痛，牠用眼角餘光看到蠍子縮回毒刺，麻木的感覺開始蔓延四肢。

「你這個笨蛋！」青蛙呱呱大叫，「你說過有要事過河到對岸。現在我們都完了！」

蠍子聳聳肩，在青蛙背上抖了抖，跟青蛙一起漸漸往下沉。
「青蛙先生，」蠍子無所謂地說，「您自己說過，我是蠍子，螫您是我的本性。」
話還沒說完，蠍子和青蛙全都消失在混濁湍急的河水中。
從此，再也不見蹤影。

我只錯在無照經營墓地

轟動美國的連續殺人犯約翰．韋恩．蓋西（John Wayne Gacy）曾於一九八〇年在法庭受審時，歎口氣說：「我只錯在無照經營墓地。」
蓋西確實經營一個駭人聽聞的墓地。從一九七二年到一九七八年，蓋西至少虐殺三十三名平均年齡約為十八歲的年輕男性，並把屍體塞進地板下。其中一名受害者羅伯特．唐納利（Robert Donnelly）得以逃脫，但在被囚禁的時間飽受折磨，最後這名受害者甚至乞求：「你乾脆殺了我吧。」
蓋西困惑地說：「我考慮看看。」
我親手拿過蓋西的頭顱。他在一九九四年被處死，後來他審判時的被告證人，也是專門研究連續殺人犯的世界頂尖專家海倫・莫里森（Helen Morrison）博士，曾在芝加哥醫院協助驗屍，並取走他的大腦進行研究。開車回家的路上，蓋西的頭顱就放在座椅上的小玻璃罐裡晃來晃去。她想搞清楚這顆頭顱跟一般人究竟有什麼不同，是有損傷、長腫瘤，還是患了什麼疾病，導致蓋西如此異於常人。

研究結果顯示，這顆頭顱並沒有任何異常。

幾年後，我在芝加哥跟莫里森喝咖啡時，剛好有機會聊起這件事。我問她後來有沒有什麼重大發現，但結果還是不變。

「這是不是表示，」我問她，「基本上，我們都是人格病態者？我們每個人是否都潛藏著強姦、殺人和施虐的傾向？如果我的大腦跟蓋西的沒有什麼不同，那麼我們有何差異？」

莫里森遲疑了一會兒，接著跟我說明神經科學最重要的真理之一。

「大腦在人死後和活著時是完全不同的，」她說，「表面看來，人的大腦其實大同小異；但事實上，每人的大腦運作卻截然不同。而且這是指人還活著時，而不是死掉後的大腦運作，因為人活著時，需要靠大腦運作來尋求平衡。蓋西是極端個案，我曾推測是否有其他因素影響他的行為，像是大腦受到損傷，或者腦部結構有什麼異常等。但卻沒有任何發現，一切都很正常。這也告訴我們，大腦可能複雜到讓人難以理解，其中潛藏的奧妙也無法為人所知。比方說：蓋西的成長過程有多麼異於常人，或是有其他偶發經歷，讓他的大腦迴路和化學物質產生細微變化，導致日後在行為上產生結構性的影響。」

莫里森那天講的話令我茅塞頓開，「結構性的影響」提醒了我曾經聽過一則跟羅伯特・海爾（Robert Hare）有關的傳聞。海爾是加拿大英屬哥倫比亞大學（University of British Columbia）的心理學教授，也是研究人格病態者的世界頂尖權威。在一九九〇年代時，海爾投了一份研究論文到某個學術期刊，其中包括人格病態者與非人格病態者，在進行所謂詞彙判斷作業時的腦波圖。海爾跟研究團隊讓受試者看過一系列的字串，請他們盡快判斷出當中是否包含某個單字。

這項實驗結果令人驚訝。非人格病態受試者對帶有情感色彩的單字，比如cancer（癌症）或rape（強暴）的識別速度，遠遠快過像tree（樹）和plate（盤子）這類跟情感無關的中性字詞。然而，這種情形卻沒有發生在人格病態受試者身上，他們對帶有情感色彩的單字無動於衷。後來，這篇論文被那家學術期刊拒絕刊載。拒絕的原因不在於結論，而是有些論述很奇怪。審稿者指出，文中有些腦波圖上的波形很反常，反常到不可能是真人。然而，這些腦波圖確實是由真人進行實驗所取得的。

跟莫里森在芝加哥的那番談話，讓我對人格病態者如謎一般的大腦產生興趣，但基本上我是對頑抗性的情緒疾病感到好奇。於是，我前往溫哥華拜訪海爾，問他那則傳聞是事實嗎？那篇論文真的被退回嗎？如果是那樣，究竟是怎麼回事？

「大腦一共有四種波形，」海爾跟我說，「β 波表示人們處於高警戒狀態，從 α 波到 θ 波再到 δ 波，就是人們處於深度睡眠狀態。不同波形反映出不同時間大腦活動時的電波變化。正常人在昏昏欲睡、靜坐或睡著的狀態中，大腦處於 θ 波；而人格病態者反而是在清醒狀態，有時甚至是亢奮激動時出現 θ 波。」

「對人格病態者來說，語言只有字面意義，不帶情感成分。人格病態者也許會說『我愛你』，但實際上對他來說，這句話跟『我想來杯咖啡』並沒有什麼不同。這就是為何在相當危險的情況下，他們也能保持冷靜鎮定的原因之一，也是他們追逐報酬和大膽冒險的原因所在。其實跟常人相比，他們的大腦比較沒有『對外開啟』。」

我回想蓋西的情況，以及跟莫里森博士談話得知的事。「去你的！」蓋西每次走進他殺人的房間時都會這樣說。

蓋西表面上看起來很正常，是當地社區的重要人物，甚至曾與前第一夫人羅莎琳・卡特（Rosalynn Carter）合影過。他利用討人喜歡的個人魅力，掩飾蛇蠍般陰暗的內心。其實，螯人才是他的本性，而且他會說服你，讓你以為他不會螫你。

人格病態者的狩獵之道

法布里齊歐・羅西（Fabrizio Rossi）現年三十五歲，曾經是窗戶清潔工。但他喜歡研究謀殺案，這項興趣最後讓他的生活得以改善。現在，他竟然「真的」以此維生。

在一個宜人的春天早上，我跟羅西去參觀連續殺人犯蓋西的臥房，我們不安地在那裡東張西望。我問羅西究竟怎麼回事，為什麼我們認為人格病態者有著無可抗拒的魅力？為什麼他們如此強烈地吸引我們？

羅西當然不是第一次被問到這個問題。

「我認為人格病態者之所以吸引人的原因是，」羅西說，「他們表面上很正常，跟大家都一樣，但是內心世界卻截然不同。我的意思是，蓋西過去經常在兒童聚會上扮成小丑表演，但人格病態者就是這樣。外表上他們似乎再平凡不過，但仔細深究去窺探他們的內心世界時，你根本不知道自己會發現什麼。」

當時，我們並不是在蓋西真正的臥室裡，而是在比照佈置的實體模型裡，即位於義大利佛羅倫斯的連續殺人犯博物館（Museum of Serial Killers），此處足以角逐世上最恐怖博物館。它坐落在熱鬧的加富爾路（Via Cavour）上，附近就是遊客絡繹不絕的聖母百花大教堂。

羅西是這間博物館的館長。

這間博物館營運得很好。當然是這樣，因為從開膛手傑克（Jack the Ripper）到殺人魔傑佛瑞・達莫，以及查爾斯・曼森（Charles Manson）到泰德・邦迪，都是這間博物館的展品。

我告訴羅西，邦迪的案子很有趣，這名人格病態者潛藏的力量相當驚人。如果你仔細探究就會發現，真正有趣的是隱藏在地板下不為人知的事，可能不只是邦迪「陰暗邪惡」的祕密。

羅西聽我這麼說，倒是吃了一驚。

「邦迪是史上最惡名昭彰的連續殺人魔，也是這間博物館最大的賣點之一。」他說，「除了陰暗邪惡的祕密外，他究竟還有什麼不為人所知的事？」

當然有。邦迪在美國佛羅里達州立監獄被綁到電椅上準備執行死刑時，當地電台還呼籲聽眾把家用電器通通關掉，以便提供最大電力處死這位令人髮指的殺人魔。二十年後，也就是二〇〇九年，心理學家安琪拉・布克（Angela Book）跟她在加拿大布洛克大學（Brock University）的同事，才開始相信這位冷血殺人魔說的話。在一九七〇年代中期那四年裡，邦迪敲碎三十五名女性的頭蓋骨。他在某次接受採訪時，還以孩子氣般的微笑聲稱，自己只要從女性走路的姿勢，就能判斷對方是不是一個「合適的」受害者。

「我是你見過的最殘酷冷血的惡棍，」邦迪斬釘截鐵地說，這句話幾乎無懈可擊。不過布克懷疑，邦迪會是最精明不過的人格病態者嗎？

為了找出解答，布克設計一個簡單的實驗。首先，她找了四十七名男大學生填寫〈人格病態自我檢測表〉（*Self-Report Psychopathy Scale*），這是專門用於評估一般人人格病態特徵的問卷，跟監獄和醫院所用的問卷不同。根據問卷結果，布克將這些男大學生分為高分組和低分組。接著，她另外找來十二名志願者，沿著走廊從一個房間走到另一個房間，錄下這些人走路時的姿態，再讓他們進到房間填寫人口統計制式問卷，問卷上包含這二項：一、你過去是否受過傷害？二、如果有，共發生過幾次？

最後，布克讓原先那四十七名受試者，觀看十二位志願者走路的短片，並要求他們從一到十，針對每位對象容許受到傷害的程度進行評分。這個實驗的理論依據很簡單，布克推測如果邦迪所言屬實，他真的能以受害者走路的姿勢發現對方的弱點，那麼在〈人格病態自我檢測表〉中得分高的人，就會比得分低的人更擅長判斷出那十二名志願者的弱點。

實驗結果跟布克的推測完全相符。而且，當布克針對一家最嚴密的監獄中的人格病態者進行同樣的臨床實驗時，她有了新的發現。在第一個研究中，「人格病態」得分高的大學生可能擅長看出他人的弱點，然而這些臨床人格病態者的本領更加高明。他們可以明確說出，自己是依據人們走路的姿勢來做判斷。他們跟邦迪一樣，很清楚誰才是他們要找的對象。

人格病態惠我良多

布克的發現並非個案，而是近年來開始以更複雜嶄新的觀點，對人格病態者進行研究的諸多實例之一。這些研究呈現出的結論，跟新聞標題和好萊塢編劇讓我們對人格病態者留下的駭人印象截然不同。這件事或許讓人難以理解。同樣地，我在佛羅倫斯這間充滿謀殺氣氛的博物館角落，情況也一樣。像懷疑論者那樣保持疑心，其實是有幫助的。

「你是說，」羅西一臉質疑地問，「有時候，當人格病態者未必是件壞事？」

「還不只那樣，」我點頭贊同，「有時其實是好事，人格病態者確實比一般人具備更多優勢。」

羅西似乎一點也不相信我的說法。但只要在這間博物館裡四下看看，就不難理解人們為什麼不相信這種論點。試想，誰會想跟邦迪和蓋西這種殺人魔在一起。而且，面對現實吧，如果你周圍有幾十個這種人格病態者，也很難認清他們有多積極正面。不過，連續殺人犯博物館並未反映事實的全貌，甚至連一半都不到。莫里森曾語重心長地說，人格病態者的命運受到許多因素相互作用所影響，包括基因、家庭背景、教育、智力和機運等。

美國國家警察首長協會（US National Association of Chiefs of Police）副會長吉姆・庫利（Jim Kouri）也提出類似的觀點。庫利認為，人格病態的連續殺人犯有一些共同特徵，包括：過度自我膨脹、說服力十足、外表迷人、冷酷無情、缺乏自責、喜歡操控別人；但這些特徵也是政治人物和世界領袖共有的特質，只是這群人不必逃避員警追捕，而是忙著競選公職。他指出，具有這類特質往往讓人為所欲為，無論何時何地，想做什麼就做什麼，很少顧慮到社會觀點和道德規範，或設想這樣做會在法律上造成什麼後果。

舉例來說，如果你剛好命好運好，具備月亮掌控潮汐起落，或操縱他人的生死的那種能力。那麼，你可能會下令實行種族滅絕，屠殺十萬名庫德族人。當你從容步向絞刑台時，原先最猛烈抨擊你的那些人也會莫名奇妙地對你心生敬畏。

「醫生，不要害怕，」伊拉克獨裁者海珊在行刑前，站在絞刑台上這樣說，「這就是男子漢、大丈夫。」

如果你暴力又狡猾，像英國「漢尼拔」羅伯特・莫茲利（Robert Maudsley）那樣，因殺人入獄，又在獄中連殺三人，還吃人腦漿，那你可能會誘騙友人到你的房間，敲碎他的頭骨，用湯匙舀出腦漿品嘗，還毫不在乎地像在享用煮到半熟的軟嫩雞蛋。附帶一提，過去三十年來，莫茲利一直被單獨監禁在英國韋克菲爾德（Wakefield）監獄地下室一個防彈囚籠裡。

或者，你是一位出色的神經外科醫師，能在高度壓力下保持冷靜專注，那麼你也許跟這位傑拉帝醫師（Dr. Geraghty）一樣，能在截然不同的領域裡一展長才。畢竟在二十一世紀的醫學尖端領域，不但險象環身，還壓力大到讓人快窒息。

「我對接受手術的患者沒有任何憐憫之情，」傑拉帝說，「對我而言，憐憫是我負擔不起的奢侈品。一進手術室，我就像變了個人，變成一部冷漠無情的機器，跟手術刀、鑽頭和鋸子完全融為一體。當你拿起手術刀，遊走於腦組織和細微神經之間時，感情用事只會幫倒忙。情感好比是一種擾動，會對事業大不利。多年來我已經徹底消滅掉它。」

傑拉帝是英國頂尖神經外科醫師之一。雖然他的話讓我們聽了背脊發涼，但從另一方面來說，這些話卻十分有道理。跟這些傑出人士極為相似的人格病態者，常常被當成孤僻冷血的食人魔，他們喜歡獨處，外表迷人，極度危險。一聽到人格病態者這個詞，我們馬上就聯想到連續殺人犯、強暴犯和瘋狂炸彈客。

但如果我告訴你，燒掉你家房子的那名縱火犯，可能搖身一變，在另一個場合中成為英雄，奮勇衝進即將倒塌、冒著熊熊烈火的房子裡，四處搜救你的親人，你會怎麼想？或者說，那個懷裡藏把刀，躲在電影院後排陰暗角落裡找機會下手的小混混，幾年後是不是也可能在完全不同的場合裡，揮舞著截然不同的武器？

這些說法很難讓人相信，但事實卻是如此。人格病態者有著無畏、自信、魅力十足、冷酷、專注等特質。不過，跟普羅大眾的看法正好相反，他們未必有暴力傾向。如果這樣聽起來讓人放心不少，那我可以告訴你，事實就是如此。我們都知道，人格病態者不是那麼容易辨認出來，並非「你要嘛有精神病，不然就是正常人」那麼簡單的二分法，而是像地鐵地圖上的收費區段那樣。後續我們在第二章中會看到，人格病態的程度可用一個連續的「人格病態圖」來表示，我們每個人的精神狀態都會對應到圖上的某一點，只有極少數人屬於人格病態者這個特殊族群。

舉例來說，某人可能在壓力狀態下相當冷靜，平常卻展現十足的同理心（我們在後續介紹股票交易員時，就會看到這種人），同時既不暴力，不反社會，也不喪心病狂。在二項人格病態特質得分高的人，或許就比得分低者在圖上更接近人格病態者這個區塊，但卻還不致於接近所有特質都拿高分那種人隸屬的高度危險區。

換個說法，週末才打休閒高爾夫的人，跟老虎伍茲這種世界高手之間，沒有明確界限；同樣地，不折不扣的人格病態者跟些微人格病態者，二者的分野也模糊不清。我們可以把人格病態的各種特質，想像成錄音室混音台上的旋轉鈕。如果你把所有的旋轉鈕都調到最大，那麼所得到的可能會是極不悅耳的噪音。但如果各聲道有不同程度的變化，比方說把無畏、專注、缺乏同理心和堅毅等特質調得高一些，就很有可能創造出一位能力出眾的外科醫生。

外科手術當然只是人格病態者「天生本領」得以展現優勢的領域之一，其他還有一些地方適合他們一展長才，比方說：執法機關。二〇〇九年，也就是布克發表個人研究不久，我決定針對人格病態者進行一些研究。如果人格病態者真的比一般人更擅長「看出破綻」，那會有什麼用處。我想，一定有辦法能證明人格病態者不只是社會的負擔，他們也可以造福社會，這項識人本領一定能帶來某些優勢。有一次，我在機場遇見一位朋友，從中突然得到靈感。人們在機場出入境通關時，總有些緊張不安，即使自己沒做什麼壞事。

但想像一下，如果我們真的有所隱瞞，那麼會是什麼感覺？

為了找到答案，我找了三十名大學生進行一項實驗，其中有一半在〈人格病態自我檢測表〉中得分較高，另一半得分較低。此外，我還找五個人做為「伙伴」。受試大學生要做的事很簡單：他們只要坐在教室裡，看著這些伙伴從一扇門進來，走過一小段墊高的平台後，從另一扇門出去。不過，這當中有一個圈套，他們還必須觀察這五人當中，哪一人「暗懷鬼胎」，身上藏了一條紅色手帕。

為了讓過程更加刺激，也讓學生們有繼續玩的興致，我們發給那位藏有手帕的「嫌犯」一百英鎊。學生們透過投票，票數最多者就是他們認定的「嫌犯」。如果真正的「嫌犯」被認出來，就要退還一百英鎊；如果學生們猜錯了，讓嫌犯蒙混過關，那麼嫌犯當然可以得到獎勵，那一百英鎊就歸其所有。

當伙伴走進門時，學生們當然開始繃緊神經。哪些學生會成為更出色的「海關官員」呢？人格病態者的「掠食本能」確實可靠嗎？或者，他們看出破綻的本領，反而失靈了？

這個實驗結果相當驚人。在〈人格病態自我檢測表〉得分較高的學生中，認出那位身上藏有手帕的伙伴，比例超過七〇%；而得分較低的學生中，比例只有三〇%。所以，擅長看出他人的弱點，可能是連續殺人犯的個人特質之一，但它同樣也能在機場海關派上用場。

人格病態雷達

二〇〇三年，美國加州大學聖地牙哥分校醫學院的精神病學教授里德・梅洛伊（Reid Meloy），曾進行一項實驗，瞭解人們如何辨識人格病態者。我們都知道，不折不扣的人格病態者，向來懂得找出人們的弱點，但是他們也給人一種毛骨悚然的感覺。每天我們從臨床實務和新聞報導的故事中得知，跟這些冷酷無情的社會掠食者接觸過的人，就會這樣形容他們：「神祕兮兮」、「毛骨悚然」、「寒毛直豎」。但是，這些評語真的能反映人格病態者的情況嗎？我們的直覺經得起推敲嗎？我們能跟人格病態者迅速識別標的物那樣，把他們找出來嗎？

為了解答這個問題，梅洛伊詢問四百五十名刑事司法人員和心理健康專業人員，瞭解他們在跟人格病態者交談時，是否也經歷過這種奇怪的生理反應。他們接觸的人格病態者都是暴力犯罪分子，其「混音台」上的所有旋轉鈕都調到最大。結果再清楚不過，超過七五％的受訪者有過類似的感覺，女性受訪者的比例更高過男性（分別為八四％和七一％），碩士和學士學位的臨床醫生有此感受的比例，高過博士學位臨床醫生和非專業執法人員（分別為八四％、七八％和六一％）。這些感受包括：「我覺得自己可能會被當成午餐吃掉」、「噁心……厭惡……出神」和「邪惡到讓人不寒而慄」。

但是，我們究竟從這些感受中知道什麼？

為了回答這個問題，梅洛伊從人類演化下手，追溯到混沌神祕的史前時代。人格病態究竟是怎樣發展出來的，目前有一些理論可供參考，這部分我們稍後再做探討。不過，跟整個龐大病理學說機制有關的問題是，我們要先知道自己應該從什麼角度進行檢視：是從臨床角度，把人格病態當成一種人格障礙？還是從賽局理論的角度，把人格病態看成合乎生物演化的生存策略，是早期原始環境中的一種重要生存優勢？

美國維吉尼亞聯邦大學臨床心理學榮譽教授肯特．貝利（Kent Bailey），支持人格病態是生存策略這種說法，他還針對這個理論做更進一步的研究。他認為人類祖先在群體內部和群體之間的暴力競爭，就是人格病態最初的演化先驅。（以貝利的說法就是：「戰鷹」（warrior hawk）思維。）

貝利表示：「在原始社會裡，人們在追捕獵殺大型動物時，勢必需要具備某種程度的掠食暴力。所以，人類祖先有必要挑選一群驍勇善戰的『戰鷹』，專門負責此事，同時也可抵抗附近其他部落入侵。」

不過，問題當然出在人們在和平時期，要如何信任這群逞勇好鬥的戰鷹？

英國牛津大學演化人類學教授羅賓·鄧巴（Robin Dunbar）也支持貝利的說法。鄧巴回溯到西元九世紀到十二世紀的諾爾斯人（Norseman）時代，並以「狂戰士」的例子證明這個觀點：根據傳說、詩歌和歷史的記載，他們在部落交戰時，會異常殘暴野蠻。但深入研究文獻後，卻發現一個更讓人不寒而慄的景象：原來，對敵人造成威脅的戰士，也會對其誓死保護的部落同胞，做出同樣冷血的事。

梅洛伊為這個謎題做出解答：人的「人格病態雷達」經過長期演化，練就出看到人格病態行為就會毛骨悚然的生理反應。貝利認為，具有殘暴掠奪本性的原始人類確實具有病態特徵，所以從物競天擇的角度來看，病態特徵應該是雙方作用下的結果，不可能是單方面形成的。群體中那些性情較溫和的成員，會聯手形成一種機制，像某種隱性的神經監視系統，若某位成員感知到危險出現，就會發出信號並示警。部落便利用這種模式，巧妙避開危險和威脅。

從布克對挑選受害者的研究，和我個人的紅手帕實驗來看，這種機制看似合理，能說明梅洛伊實驗結果中透露的性別及身分差異。人格病態者就像狡猾陰險的情緒識別師，特別擅長看穿受害者的弱點。根據達爾文演化論的觀點，女性由於生理上的脆弱性，在面臨危險時就會更加緊張，更快更頻繁地做出反應。同樣地，層級較低的心理健康從業人員也是如此。這種假設當然有效，試想，你越覺得遭遇威脅，就越可能遇到危險，越有必要加強安全措施。

當然，在我們祖先所處的混沌時代，冷酷無情的獵人要更懂得在黑暗中殘殺獵捕之道，這一點毋庸置疑。但是那些具有預警能力的獵人，是否能跟我們今天所說的人格病態者劃上等號，這一點就有待商榷。要判斷這一點，會遇到的問題就是：同理心。

在原始時代，最會狩獵且成果豐碩的獵人，並不是大家所想的那種最嗜血和會蠻幹到底的人，反而是最冷靜、心思最敏銳的那群人。他們有很強的同理心，能夠感受獵物的心思，從眼神看透獵物在想什麼，所以能準確預測獵物依據本能採取的躲避路線和逃脫策略。

我們只要觀察嬰兒學步就能明白箇中道理。學習步行讓原始人類進入全新的紀元。直立行走預示出，人類的移動將更有效率，也使我們的祖先擺脫四肢爬行的限制，能夠更長時間地進行捕獵活動。

但是從人類學的觀點來看，「窮追不捨的狩獵」本身就有問題，比方說：羚牛和羚羊輕輕鬆鬆就能跑贏人類，在地平線上消失無蹤。但如果你能透過觀察牠們逃跑時留下的線索，或猜測牠們的心思，準確預測最後落腳處，那你就可以搶得先機，也能把自己的存活率稍微提高一些。

所以，如果「掠食者」展現同理心，甚至在某些情況下很有同理心，他們怎麼可能是人格病態者呢？然而大多數人都認同：人格病態者對別人的感受無動於衷，也相當欠缺對他人的理解。那麼我們該如何解決這兩個看似矛盾的問題？其實，只需要認知神經科學，再加上一些倫理學知識，就能協助我們解決這個問題。

火車的道德難題

美國哈佛大學心理學家約書亞．格林（Joshua Greene）觀察過人格病態者如何解決道德兩難的問題，並試圖瞭解他們的大腦會如何回應。我在前一本著作《購物台專家為什麼能說服你？》（*Flipnosis*）中提過，格林無意間發現一些有趣的事，比方說：同理心沒有一致性，而是具有雙重特質，意即存在「感性」與「理性」這兩種截然不同的「版本」。

我們就拿哲學家菲莉帕．富特（Philippa Foot）率先提出的這個道德難題（案例一）為例：

一輛火車快速奔馳，但在火車即將行經的路線上，有五個人受困鐵軌無法逃脫。幸好你可以切換開關，讓火車開進另一條支線，避開行經這五人受困的路線。然而另一條支線上也有一人受困，這樣做要付出的代價是，犧牲一條人命來救五條人命。在這種情況下，你應該切換開關嗎？

要在這種場合下做決定，大多數人覺得並不會太困難。雖然切換開關的後果不算太好，但依據功利主義考量做出選擇，只犧牲一個人卻能保全五個人，「至少不是最壞的選擇」，對吧？

現在，考慮下面這個由哲學家茱蒂斯．湯姆森（Judith Jarvis Thomson）提出的另一種版本（案例二）：

一輛失控的火車疾駛而來，同樣有五個人受困在鐵軌上。但這次你站在軌道上方的天橋上，你前面有一位相當高大魁梧的陌生人。要拯救那五個人的唯一辦法就是，把那名彪形壯漢推下去。他掉下去後肯定沒命，但他龐大的身軀就能擋住火車，讓受困的五個人倖免於難。這時，你該推他下去嗎？

現在，你或許會說我們碰到一個「真正」兩難的問題。雖然跟案例一完全相同（都是用一條命換五條命），但這次的狀況卻讓我們更小心也更緊張。為什麼？格林相信自己找到答案了，一切就跟大腦中不同區域有關。

格林認為，案例一是「跟個人情感無關」的道德兩難問題，牽涉到大腦前額葉及後頂葉皮層（特別是前旁扣帶回皮層、顳極和顳上溝）中，主要跟理性同理心的客觀體驗有關的大腦部位，意即負責推理和理性思考的部位。

相反地，案例二卻是「跟個人情感有關」的道德兩難問題，它猛烈衝撞大腦情感中心的大門，也就是所謂的杏仁核，這裡正是感性同理心所在的迴路。

人格病態者跟大多數正常人一樣，他們遇到案例一的道德兩難問題時，也能相當爽快就做出決定。他們切換開關讓火車駛入支線，犧牲一條人命拯救五條人命。然而重點來了，人格病態者在對待案例二的問題時，跟正常人截然不同。他們很快就做出決定，眼睛不眨一下，十分樂意把那個胖子推下天橋，好像覺得他本來就該這樣消失似的。

更加複雜的是，這種行為差異也清晰反映在大腦中。在面臨跟個人情感無關的道德兩難問題時，人格病態者跟常人的神經活化模式基本上是一致的；但是牽涉到比較個人情感的問題時，兩者的反應就出現顯著歧異。

假設我把你推進功能性磁振造影儀器（fMRI）中[1]，然後提出這兩個道德難題。當你因為這些棘手的道德難題陷入掙扎時，我會從腦磁圖（MEG）上看到什麼？當問題從跟個人情感無關，轉向有關的那一瞬間，我會看到你的杏仁核及相關大腦迴路（例如：眼眶額葉皮質）亮起來，就像彈珠台上那些閃爍的小燈一樣。換句話說，我會目睹到情感發揮作用的那個時刻。然而，若是人格病態者，那麼我在腦磁圖上只會看到一片黑暗。假如把大腦想像成由神經元組成的賭場，那麼這時賭場就門窗緊閉，裡面空蕩蕩，一片荒涼。而且，就算問題從跟個人情感無關，轉向有關時，人格病態者也無動於衷。

對梅洛伊和貝利這些理論學家來說，找到感性同理心和理性同理心之間的區別，當然是一個好消息。感性同理心是我們觀察別人時，能「感受到」別人的感受；理性同理心則是我們冷酷看待別人的感受，得以進行機械般的客觀算計。人格病態者可能當然在感性同理心方面，存在一定的缺陷，比方說，過於感性、婆婆媽媽型的人格病態者就會這樣。但是說到理性同理心這種狀況，就是由「理性」，而非「感性」來做決定，需要做出冷靜客

1 在功能性磁振造影儀器中，受檢者的腦部被一個大型磁鐵環繞。磁場方向改變，就會導致腦部產生氫原子發出電波訊號。血氧濃度上升時，這些訊號就會增加，指出腦部哪些部位最為活躍。

觀的判斷，依賴符號處理，而非複雜情感來解決問題。這也是經驗老到的獵人和讀心術高手都具備的認知技能，這一點在自然界和人類世界都一樣。不過，人格病態者活在他們自己的世界裡，他們的同理心只有一種，就能比擁有二種同理心的常人發揮更強大的效力。這當然只是他們具有超強說服力的原因之一。比如在玩吃角子老虎時，若拉下把手時不覺得興奮，又能不帶情感，冷靜應對，那麼你就很可能中大獎。

對牛津大學演化人類學教授鄧巴來說，區別出「感性」同理心和「理性」同理心，當然也是大好消息。鄧巴平日除了研究狂戰士，其他時間就在莫德林學院（Magdalen College）的教職員休息室裡。某天下午在一間有橡木裝飾的迴廊裡，我們邊吃茶點邊環視四周。我跟他講起火車實驗，及其所得出人格病態者與常人之間的大腦運作差異，他對這個結果一點也不感意外。

「早在諾爾斯人時代，維京人就很厲害，」貝利指出。「被選出來打仗的狂戰士當然不會做出有損自己名譽的事。不過，殺人打鬥本來就是他們的職責，所以他們比一般維京戰士更殘酷無情也更冷血，因為他們本來就是那種人，也確實是那樣！如果給狂戰士的大腦連接上腦部掃描器，再拿你說的火車難題問問他們，我敢打包票，得到的結果會跟人格病態者給的答案完全一樣。那個胖子就會被推下天橋！」

我拿起一塊司康，抹些奶油吃。

「我認為，每個社會都需要一些特別的人來收拾爛攤子，」貝利繼續講下去，「有些人不怕做出艱難的決定，也敢提出讓人不舒服的問題，並願意承擔風險。他們就是把那些工作當成自己的天職，通常他們不會是你想坐下來一起喝杯下午茶的對象。你要不要來點小黃瓜三明治？」

美國哥倫比亞大學的丹尼爾·巴特爾斯（Daniel Bartels）和康乃爾大學的大衛·皮薩羅（David Pizarro）對這種觀點再贊同不過，他們還拿出研究文獻佐證。研究顯示，約有九〇%的人會拒絕將陌生人推下天橋，即便他們很清楚只要克服天生的道德潔癖，死亡人數就只有原先的五分之一。當然，另外一〇%的人就是比較沒有道德潔癖的少數派，主宰他人的生死卻絲毫不覺內疚。那麼，這些不擇手段的少數派究竟是哪些人呢？

為了弄清楚這一點，巴特爾斯和皮薩羅找了二百多名學生詢問火車問題，讓他們依據四個等級，對是否支持把那位胖子推下天橋做出評分，藉此得知這些學生究竟有多麼「功利主義導向」。除了回答火車問題外，這些學生還要接受一系列為評量其他人格病態程度，而特別設計的人格測試。這些項目包括：「我喜歡看打鬥景象」和「控制他人的最佳做法就是投其所好」（請依據一到十分的評分等級，說明同意或不同意上述說法）。

巴特爾斯和皮薩羅懷疑，人格病態和功利主義之間是否有關。答案是肯定的。他們的分析顯示，以功利主義的方式解決火車問題（把胖子推下天橋），跟病態人格中的某種主要類型有非常顯著的關聯。至少依據鄧巴的預測，這個論點完全正確。不過，以功利主義的傳統觀點來說，其中還有一些問題存在。但總體來說，十九世紀提出功利主義理論的二位英國哲學家邊沁和密爾，通常都被當成好人看待。

「最多數人的最大幸福乃道德與立法之根本。」這是邊沁說過的一句名言。

然而當我們繼續探討，就會看到一個更棘手怪異也更黑暗的景象，原來我們所做的選擇如此殘酷，如此挑戰道德的極限。以起草法案為例，仔細深究就會發現，其中的道德準則無可避免都讓他人的利益受到損害。就連樂透這麼簡單的事，某些團體或組織也要為了落實「較崇高的良善」而勉為其難。但是誰有資格決定這一切？或許巴特爾斯和皮薩羅已經在實驗室裡找出一種模式，但日常生活中的情況又是怎樣呢？難道，人格病態者的特質就是在這種情況下真正派上用場？

人格病態讓你坐頭等艙

要在某個行業中善盡職責，最後出人頭地，究竟需要怎樣的條件？仔細分析起來，這個問題似乎不是那麼難。不管在法律界、企業界以及各行各業，想要有一番成就，除了專業才能，在個性上也必須具備一些不同的特質。

英國薩里大學（University of Surrey）學者貝琳達．博德（Belinda Board）和卡塔琳娜．弗里松（Katarina Fritzon）曾在二〇〇五年進行一項調查，設法找出究竟是什麼因素讓企業領袖與眾不同。她們想知道個性上有哪些關鍵因素，決定個人是坐頭等艙或經濟艙。

博德和弗里松以這三類群體做為研究對象：企業主管、人格病態者和住院罪犯（包括人格病態者及其他精神疾病患者），並比較他們在接受心理分析時的表現。

二位學者的結果透露，人格病態者的許多特質，像魅力十足、自我中心、說服力十足、缺乏同理心、獨立與專注等，其實在企業主管身上更為常見。以先前混音台旋轉鈕的比喻做說明，這二個群體的主要差別在於，人格病態罪犯身上的那些「反社會」要素，像無法無天、暴力攻擊和衝動等特質的旋轉鈕，都被轉到更高的位置。

其他研究似乎也證實這個「混音台」理論：功能正常型與功能失常型人格病態者之間的界限，不是由人格病態者的特質存在與否來決定，而是其程度及互相結合的方式。最近，澳洲麥考瑞大學（Macquarie University）心理學家莫梅特．馬哈穆特（Mehmet Mahmut）跟同事的研究指出，犯罪型與非犯罪型人格病態者的大腦功能失常模式（特別跟腦部做決定時掌管情感輸入的前額葉皮質區有關），其差異只在於連續譜系上維度的不同，而不是本質分歧的差異。馬哈穆特認為，這表示此二組人不應被視為定性研究中截然不同的群體，而是應在同一神經生理學譜系上，各自占據不同的位置。

對此，我做過一個類似研究，但沒那麼複雜。我從大一新生中找了一班，請他們想像自己是人力仲介公司經理，我說：「假設有一位客戶的特質是不留情面、無所畏懼、魅力十足、專注力超強但不守道德規範，你覺得他適合做哪一行？」

學生們的回答極具洞察力，他們列出的答案包括企業執行長、間諜、外科醫生、政治人物、軍人，還有連續殺人犯、刺客和銀行搶匪。

「光靠聰明才智，還無法讓你做到頂尖並獲致成功，」一位成功的企業執行長曾對我說，「記住，成功本來就難如登天，一路充滿艱辛。但是，假設你懂得借助他人的力量，走起來就會輕鬆許多。而且如果別人認為協助你對他們也有好處，那麼你的成功之路就會更加平坦順遂。」

倫敦最成功的創投資本家之一喬恩．莫爾頓（Jon Moulton）就認同這種說法。他最近接受《金融時報》採訪時，列出自己最重要的三項人格特質，就是：決斷力、好奇心和鈍感力。

前二項特質的重要性不在話下，但是鈍感力有那麼重要嗎？莫爾頓解釋說，鈍感力最美妙之處在於，「當別人輾轉難眠時，鈍感力讓你高枕無憂」。

「人格病態者的這些特質能助商界人士一臂之力」，如果這種構想不讓人大感意外，那麼以太空人的處境來說，這些特質會有幫助嗎？我相信，以人格病態者在地球上如此惡名昭彰來看，根本沒人會把他們送到太空。你或許認為，在美國太空總署挑選太空人那種嚴格獨特的標準中，人格病態者那些特質根本不可能名列其中。但我看過一個故事就提供圖象說明，讓我們知道在特定情況下，人格病態特質中的冷漠超然確實具有優勢，心理學教授海爾提出的腦部掃描圖更證實這一點。海爾的研究顯示，神經外科醫生傑拉帝多麼冷漠專注又絕對超然，這種特質使人不僅在董事會、法庭和手術室中取得成功，也能在另一個世界裡獲致成功。

故事是這樣開始的。一九六九年七月二十日，尼爾．阿姆斯壯（Neil Armstrong）和同伴巴茲．艾德林（Buzz Aldrin）在月球表面飛行，尋找降落地點，最後只剩下幾秒鐘緊急迫降的時間。問題出在月球表面的地質狀況極其複雜，太空船的燃料又極其有限。月球表面布滿岩石和巨石，太空船根本不可能安全著陸。艾德林用手擦去額頭上的汗水，一邊盯著燃料表一邊注意地形，然後跟阿姆斯壯發出最後通牒：趕快找到降落地點，速戰速決！

不過，阿姆斯壯沉著鎮定。或許，他根本沒時間理會緊張不安的後座駕駛在講些什麼。但是，時間一分一秒地過去，燃料快用完了，眼看兩人因為失去重力死亡的可能性愈來愈高。這時，阿姆斯壯冷靜提出策略，他要艾德林算出剩餘燃料可以支撐多少時間，把時間換算為秒數開始倒數計時，大聲喊給他聽。

艾德林照他的話做了。

「七十……六十……五十……」

艾德林一邊倒數，阿姆斯壯一邊仔細檢查月球堅硬複雜的地形圖。

「四十……三十……二十……」

但是，月球表面的地形實在太複雜，阿姆斯壯找不到一點機會。

可是，時間只剩十秒鐘。這時，阿姆斯壯發現機會來了：地平線下方出現一片銀色的空地，這簡直是黑暗中的一道曙光，阿姆斯壯趕緊抓住機會。突然間，他不自覺地像掠食者靠近獵物那樣，在大腦的指揮下全神貫注，熟練地駕駛太空船駛向這塊面積只有幾英哩的降落區，並圓滿達成任務。這是人類的一大步，不過這項任務差點就釀成一次重大的太空災難。

拆彈專家過人之處

先前對人類登陸月球這種不可思議事件，所做的驚人描述，正是我們日常生活可能情況的具體縮影，畢竟成功和災難只有一線之隔，二者都有可能發生。只是這次，不是走向災難的那條路。阿姆斯壯在壓力狀態下的沉著冷靜，挽救一場重大危機，堪稱人類史上最偉大的功績之一。而且，根據後續報告顯示，他全程心跳正常，也沒有緊張冒汗。或許對他來說，太空船降落月球，就跟在加油站找份差事那樣簡單。難道他是心血管功能異於常人的天才？研究顯示，事實並非如此。

早在一九八〇年代，哈佛大學研究員史坦利．拉赫曼（Stanley Rachman）對拆彈專家進行研究時，就有類似的發現。當時他想知道在這個高風險、高壓力的行業，究竟是什麼因素區分出高手及庸才？其實，所有拆彈專家都是佼佼者，否則早就命喪黃泉。但是他們到底具備哪些一般技工沒有的特質呢？

為了找出答案，拉赫曼找了一群從業經驗十年以上的拆彈專家，並分為二組：一組在工作中得過勳章，另一組則相反。然後比較這二組人在進行高專注度工作時的心跳速率。

拉赫曼的研究發現令人驚訝。雖然所有拆彈專家的心跳速率皆維持平穩，但得過勳章者的心跳速率卻出現不可思議的現象，他們的心跳速率竟然變慢了。且進入危險區域後，便馬上處於冷靜沉思的專注狀態：即個人跟設備合而為一。

後續分析更透露，造成這種差異的原因就是：自信。在核心自我信任的測驗中，得過勳章的專家比沒得過的分數更高。

是自信激勵他們有如此優異的表現。

拉赫曼十分清楚人格病態者無所畏懼，但技高一籌的拆彈專家跟人格病態者的特質竟然一樣，這當然引發極大的爭議。後來，連他自己都提出質疑：我們該不該密切留意拆彈專家這類人士？不過，他的結論似乎明確地告訴我們：「因勇敢無懼而獲勳得獎的拆彈專家，不會有心理異常或反社會的行為。」他指出：「對照之下，人格病態者最重要的特質是不負責任和衝動行事。」但是以他的經驗來看，在過去進行的個案研究中，這些拆彈專家並未展現出人格病態者這些重要特質。

先前提過，英國薩里大學學者博德和弗里松在二〇〇五年的調查證實，人格病態罪犯的一些特質在企業領袖身上更為常見。拉赫曼的評論卻避開這個問題：「人格病態者」這個字究竟是什麼意思。不過，並非所有人格病態者都像我們以為的那樣，完全不受馴服又野性十足。其實，博德和弗里松的調查顯示出一項重要關聯：「衝動行事」和「不負責任」二項因素所引發的「反社會」人格障礙，正是「造就」或「毀滅」人格病態者的原因所在。這些特質在程度上的不同，決定人格病態者最後是心神失常或獲致成功。

以另一個方法論的研究來說明，並非只有拆彈專家在工作時心跳速率會變慢。兩性關係專家尼爾．傑克布森（Neil Jacobson）和約翰．戈特曼（John Gottman）在暢銷書《當男人對女人動粗》（*When Men Batter Women*）中指出，跟賴在沙發上閉目養神時相比，某些施虐者在毆打配偶時，反而更放鬆，心跳也更慢。

傑克布森和戈特曼把這種施虐者比喻為「眼鏡蛇」，與其截然不同的對照組就是「鬥牛犬」。二者的差別在於，前者更能迅速殘忍地發動攻擊並保持掌控。眼鏡蛇型人士自命不凡，認為自己理所當然可以隨時為所欲為。而且，他們就跟「眼鏡蛇」一樣，在發動攻擊前開始變得冷靜專注。相反地，鬥牛犬型人士的情緒起伏較大，比較容易把事情搞砸，讓事態一發不可收拾。若更進一步比較，則可得到如表1.1這些有趣發現。

如同拉赫曼提到的，無所畏懼很可能源自於勇氣，也可能是因為拆彈專家一再置身危險環境而習以為常。不過有些人聲稱，他們天生就跟我們其他人不一樣，他們的生物本能跟我們大不相同。只要有一點點焦慮出現，他們可以刻意或不自覺地把這種想法徹底消滅掉。我知道有這種人存在，因為我測試過他們。

表 1.1　眼鏡蛇型與鬥牛犬型的比較

眼鏡蛇型	鬥牛犬型
對他人施暴	通常只對配偶施暴
幾乎一點悔意也沒有	有一定程度的內疚感
受到立即滿足欲望所驅使	受到害怕被拋棄的心理狀態驅使
能夠放下，重新開始	執迷不悟，常常跟蹤受害者
覺得自己高人一等	扮演「受害者」的角色
騙子；會編故事說謊	有更大的情感責任
迷人有魅力	憂鬱內向
掌控就是不需要別人告訴自己該怎麼做	掌控就是不斷監視配偶
成長過程中受過創傷，家庭中有暴力行為	家庭中有某種程度的暴力行為
治療干預無效	有時能從治療中受惠

恐懼的氣味

搭飛機時你是否因為遭遇亂流而受到驚嚇？火車停在隧道裡會不會讓你坐立難安，或是產生「不對勁」的莫名焦慮感？如果是這樣，那麼周遭任何狀況都可能會讓你產生恐懼感。二〇〇九年時，美國紐約州立大學石溪分校（Stony Brook University）認知神經科學家莉莉安．穆希卡帕洛蒂（Lilianne Mujica-Parodi）進行一項實驗：她在初次參加跳傘者的腋下放置吸水墊，收集這些人落地前腋下的汗液。然後，她在實驗室裡把這些汗液跟人們在跑步機上正常運動時的汗液，轉換成「運動汗液」及「恐懼汗液」二組樣本，並放入可校準的特製「噴霧箱」中。接著，她找了另一組志願者坐進功能性磁振造影儀器中，在這些人的鼻子下方搖動噴霧箱。

猜猜怎麼著？雖然不知道吸入什麼，但是跟吸入「運動汗液」的志願者相比，那些吸入「恐懼汗液」的人，他們大腦處理恐懼情緒的部位（杏仁核和下丘腦）反應更強烈也更活躍。另外，在判斷臉部表情是否具威脅性的情緒識別測試中，吸入「恐懼汗液」的比吸入「運動汗液」的志願者準確率高出四三％。

這些實驗結果引發出一個相當有趣的問題：「恐懼」會像感冒那樣具有傳染力嗎？

穆希卡帕羅蒂和她的研究團隊似乎是這樣認為。她們的發現暗示出這種可能性：「人類社會動態中有一種隱性生物構造，讓情緒壓力具有十足的『傳染力』。」

這當然也引發另一個更有意思的問題：有人免疫嗎？我們當中是不是有些人比其他人更容易染上恐懼？是不是有些人「鼻子很靈」能聞出恐懼的氣味？

為了找到答案，我修改了穆希卡帕羅蒂的研究，進行類似的實驗。首先，我讓第一組志願者觀看《腥風怒吼》這部恐怖片，並讓第二組志願者在跑步機上跑步。接著收集這二組人的汗液，裝進瓶子裡。最後，我讓第三組志願者在進行賭博模擬遊戲時，吸聞不同的瓶子。

這個賭博模擬遊戲跟風險決策有關，是由一連串測試組成的電腦遊戲，即劍橋賭局作業（Cambridge Gamble Task）。進行方式為在遊戲參與者面前放置紅藍二色的十個盒子，參與者要在每次測試中，猜出哪個盒子裡面有黃色籌碼。每次測試的組合都不一樣，例如六個紅盒子四個藍盒子或一個藍盒子九個紅盒子。開始時，每位參與者皆分配到一百點。第一次測試時，參與者必須按一定比例，比方說：五%、二五%、五〇%、七五%、九五%下注。依據輸贏將點數加減，如此重複進行。賭注越高，風險當然越高。

如果穆希卡帕羅蒂的理論成立，那麼這項預測就十分正確。跟「運動汗液」相比，吸入「觀看恐怖片者汗液」的參與者會更加小心，賭博時也會更加謹慎。

不過我設計的這個實驗有一項條件不一樣，這些志願者中有一半是人格病態者。他們在壓力狀態下向來冷靜沉著，然而對其他人承受的壓力是否也具有免疫力？如果依照布克的發現，人格病態者就像經驗老到的獵人和追蹤者，能在視覺上輕易辨識出他人的弱點，那麼在嗅覺上，他們是否能夠對別人的恐懼無動於衷？

實驗結果再清楚不過，完全符合穆希卡帕羅蒂的預測結果。非人格病態志願者吸入「恐懼汗液」後，更加謹慎小心，賭注下得更低。而人格病態志願者還是一點也不擔心，不但一開始就大膽下注，就算吸入再多「恐懼汗液」也繼續加大賭注，冒更大的風險。他們的神經免疫系統似乎馬上把「傳染病毒」消滅，而我們一般人只是任由焦慮散播蔓延。

亦正亦邪的雙面刃

如果最近在亞馬遜網路書店上瀏覽，看到本書書名竟然把「人格病態者」跟「智慧」並列（原文書名為 The Wisdom of Psyohopaths），一定會讓人覺得奇怪。你認為這樣反而會引起讀者注意是嗎？或許吧。或許有人認為，把這二個字眼擺在一起很礙眼，認為從科學和邏輯上來說，這樣的語意組合根本無法產生有意義及建設性的對話。

不過，人格病態者具有某種特殊智慧，這種看法依據的核心理論可是千真萬確。或許，這裡講的「智慧」並不是指人們慣用的解釋，即隨年齡增長和生活經驗累積所產生的資產，而是一種與生俱來、難以形容的能力。

我們先以後續會介紹的某位人格病態者說的比喻做說明。

不過，我應該補充一下，這位病患被關在保全層級最高的精神病患隔離病房裡：

「一輛性能強大的頂級跑車，本身沒有好壞之分，其好壞由操縱方向盤的人決定。舉例來說，技術高超，經驗豐富的駕駛可能開著這輛車，把老婆及時送往醫院順利生下小孩。或者，一名十八歲的小伙子開著這輛車，跟女友一起墜落山崖。」

「事實上，好壞就看怎樣操控運作。就這麼簡單，駕駛的技術是……」

他說得對。或許人格病態者唯一的特徵，也就是他們跟「正常」人格最重要的關鍵區別就是，人格病態者毫不在乎周遭人們怎麼看待他們。他們甚至不在乎整個社會可能如何打量他們的行為。在這個把形象、品牌和名譽看得比以往更重要的時代，我們現在要注意的對象是什麼？臉書上的五億用戶？YouTube 上的兩億支影片？平均每二十戶人家中就有一戶安裝監視系統的英國？人們幾乎時時處於監控之中，難怪不在乎別人怎麼想的人格病態者經常惹上麻煩，追根究柢，這就是主要原因之一。

而且，這當然也是我們認為人格病態者如此引人好奇之處。不過人格病態者也具有英雄氣概和堅忍不拔的精神，及值得尊敬的特質，像是勇敢、正直和善良。舉例來說，他們會衝進燃起熊熊大火的建築物裡救人，或將不認識的大胖子推下天橋，阻擋鐵軌上疾駛而來的火車。

人格病態者就像高性能跑車，也像一把勢必會讓後果好壞參半的雙面刃。

在後續章節，我會從科學、社會學和哲學等方面，詳細闡述這把「雙面刃」，並探討這些揮舞雙刃劍的人具有哪些獨特的心理特質。我們會先檢視人格病態者究竟是什麼樣的人（其實他們不像我們想得那樣，全都是怪咖）。然後，我們會深入人格病態者的內心及外在世界，探討他們內心深處的暴力傾向，以及顯現於外的親切表相。

其實，這把「雙面刃」的二端都有為數眾多的代表人物，比方說：達莫、萊克特和邦迪這些人是典型的開膛手、殺人魔和扼殺者；另一端的代表人物則是藏密喇嘛這種精神修煉者，他們長年在地處偏遠的喜馬拉雅修道院裡靜坐冥想，滿懷憐憫之心。事實上，認知神經科學領域的最新研究顯示，人格病態譜系可能是環狀圖，在跨越神經學上理智與瘋狂的界線後，人格病態者和天才之間的距離觸手可及。原來，天才與瘋子如此接近，又如此遙遠。

隨後我們將焦點轉移到認知考古學（cognitive archaeology），探尋現代心理學的起源。接著利用賽局理論和進階演化心理學（evolutionary psychology）等工具，我們重新建構情境，探尋人類祖先的過往，瞭解人格病態者可能是怎樣演化出來的。同時，我們會探討這個令人憂心卻重要無比的可能性：在二十一世紀的社會裡，人格病態者會繼續演化，這項人格障礙的適應力會愈來愈強。

另外，我們會深入探討人格病態者具有什麼優勢。或者說至少在某些情況下，將「混音台」上某些旋轉鈕調到比一般更高的位置時，會有什麼好處。我們也會檢視人們經常拿來形容人格病態者的這些說法，像是：勇敢無畏、冷酷無情、泰然自若（人格病態者眨眼次數比正常人更少，在生理學上這是一種失常行為，所以人格病態者總讓人覺得緊張不安、好像要被他們催眠似的）[2]。另外，我們還會檢視人格病態者具有毀滅性、魅力十足和極度自信等性格特徵。大家都知道這些不是人格病態者的自我描述，而是受害者對他們的形容詞！當中的諷刺意味明顯可見，也許是達爾文演化論開的玩笑，人格病態者似乎擁有我們很多人拼命想得到的一些人格特質。其實，許多人正因為如此而命喪黃泉。所以，連續殺人犯博物館館長羅西才很難相信，人格病態者的人格特質有什麼好處可言。

同時，我們會探訪世上最知名的人格病態者監獄，從人格病態者的角度，看待一般人在日常生活中面對的問題、困境和挑戰。我們也會追隨神經科學家暨人格病態者獵人肯特．凱爾（Kent Kiehl）的腳步，跟著他那輛有十八個輪子、裝有特製功能性磁振造影機的卡車，遍訪美國各州的州立監獄。

另外，在只進行一次但極具開創性的實驗中，我身為經顱磁刺激（TMS）模擬方面的專家，借助遠端非侵入性神經外科手術，終於在自己的大腦中「植入」人格病態特質（這些特質現已失效），對自己進行「人格病態改造」，親身瞭解人格病態者究竟是怎麼想的。

本書將大膽揭露冷酷無情的掠食者本性，也讓真相慢慢浮現出來。人格病態者可能對我們不利，但他們也可能拯救我們的性命。不管怎樣，他們絕對有一些東西能教導我們。

2 跟人格病態者接觸過的人大都會說，他們目光銳利，好像能看穿人心，許多好萊塢編劇當然不會忽略掉這個細節。從某方面來說，眨眼次數就是推測焦慮的可靠指標。同前所述，人格病態者眨眼的平均次數比我們常人來得少。這種無意識行為讓他們給人一種不寒而慄的感覺。不過從另一方面來說，根據推測，人格病態者緊盯著別人看，可能反映出他們具有掠食者那種專注力。就像世界頂尖撲克玩家那樣，不斷從心理層面「搜尋對手」無意間洩露出的重要情緒線索。

第二章

人格座標

誰能把彩虹中紫色結束、橙色開始的那個界限劃分出來？我們清楚看見那些顏色的差別，但究竟是在什麼地方，一種顏色開始融進另一種顏色？同樣地，心神正常者跟心神失常者的區別也是如此。

——赫爾曼・梅爾維爾（Herman Melville）
美國小說家

或許我是瘋子，但我不笨

一則網路上盛傳的故事是這樣說的：有對姊妹參加母親葬禮時，妹妹偶然遇見素昧平生的迷人帥哥，並且一見鍾情。她相信那位帥哥就是自己的真愛，但她沒有向他要電話號碼。葬禮結束後，二人便失去聯絡。於是幾天後，她把親姊姊殺了。為什麼？

這個簡單的測試可以判斷你的思考邏輯，是否跟人格病態者一樣。現在，想想可能是什麼動機，讓這女生殺死姊姊？是嫉妒？是後來發現姊姊跟那位帥哥上床？是為了報復？好像都有可能，但都答錯了。你要假設自己是人格病態者，像他們那樣思考，才能說出這個正確答案：因為這女生認為在姊姊的葬禮上，那位帥哥可能再次出現。

如果你回答出這個答案，也不用驚慌。其實，我騙你的，這個答案當然不能說明你想的跟人格病態者一樣。就像你在網路上看到的許多事情一樣，這個故事當然真假參半。表面上看來，這女生的策略當然符合人格病態，這一點毋庸置疑，她冷血殘酷又自私自利。遺憾的是，還有另一個問題存在。我找了一些人格病態者進行這個測試，其中有強姦犯、殺人犯、戀童癖和持械搶匪，你猜怎麼著？當中沒有人回答「再辦一場葬禮」，反而幾乎所有人的回答都繞著「情敵」這個論調打轉。

「或許我是瘋子，」其中一名人格病態者這麼說。「但我當然不笨。」

史考特・利林菲爾德（Scott Lilienfeld）是美國亞特蘭大艾默里大學（Emory University）心理學教授，也是世界頂尖人格病態專家之一。如他所言，成功的「人格病態者」更可能在股市上大賺一筆，而非在滿地垃圾的暗巷裡殺人。有一次，我跟他去離他辦公室只有一、二英哩處，一家南方口味的炸物餐館，我一邊品嘗鱷魚卷，一邊向他提出那個葬禮難題，我問他為什麼這類問題讓我們興奮不已？這問題真是一針見血。

「我認為這種故事引人入勝之處在於本身的簡潔性，」他說，「只要提問這個問題，就能測試出對方是否有人格病態的想法。這樣就能知道，我們當中誰可能是人格病態者，並能保護自己不受他們的傷害。遺憾的是，事情可沒那麼簡單。我們當然可以摸清別人的底細，但絕不是只靠一個問題就能辦到，而是要靠許多問題才做得到。」

利林菲爾德說得對。世上並沒有什麼「一勞永逸的問題」，能解開複雜人性的真面目。人格這個概念太錯綜複雜，不可能設計出一種只玩一次就能揭露人格特質的室內遊戲。事實上，多年來該領域的專家對此爭論不休。直到最近，大家才達成共識。

每個人都有自己的人格座標

人格研究或人格評量由來已久，最早可以追溯到古希臘「西方醫學之父」希波克拉底（Hippocrates）。為了跟古埃及和美索不達米亞一帶盛行的巴比倫占星術天體運算和神賜疾病這類謬說有所區別，他找出以人類情緒為規範的四種不同氣質，也就是著名的「體液學說」。希波克拉底認為複雜的人體是由血液、黏液、黃膽汁、黑膽汁這四種體液所組成，依據比例不同，將人們區分為下面這四種氣質：多血質、膽汁質、抑鬱質和黏液質（見圖2.1）。

不過，這方面的研究在之後的二千五百年裡，並沒有什麼進展。直到一九五二年，英國心理學家漢斯．艾森克（Hans Eysenck）的出現，才為西方醫學之父希波克拉底的二維分類法注入一股新的活力。在經過詳盡的問卷分析和深入的臨床訪談後，他認為人格由二個核心向度組成：內向與外向，以及神經質與穩定性（神經質的主要特徵為有攻擊性、衝動和以自我為中心，後續會做說明）。這兩個向度透過正交法表示，並包含希波克拉底的氣質學說（見圖2.2）。

膽汁質（焦慮、易怒）對應艾森克的神經質外向型；抑鬱質（抑鬱、內向）對應神經

圖 2.1　人的四種氣質

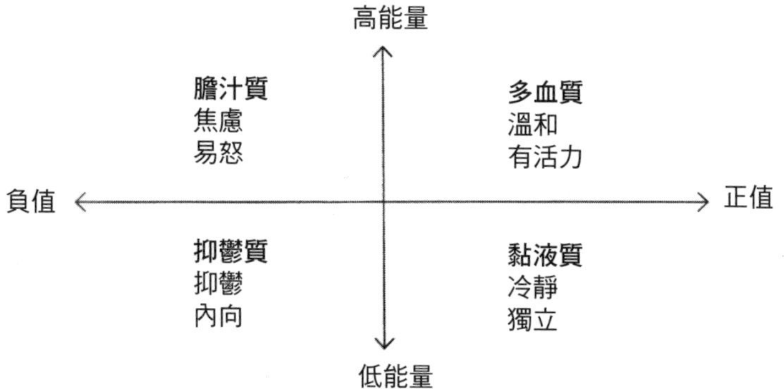

（摘自 Eysenck and Eysenck，1958）

圖 2.2　包含希波克拉底氣質學說的艾森克人格模型

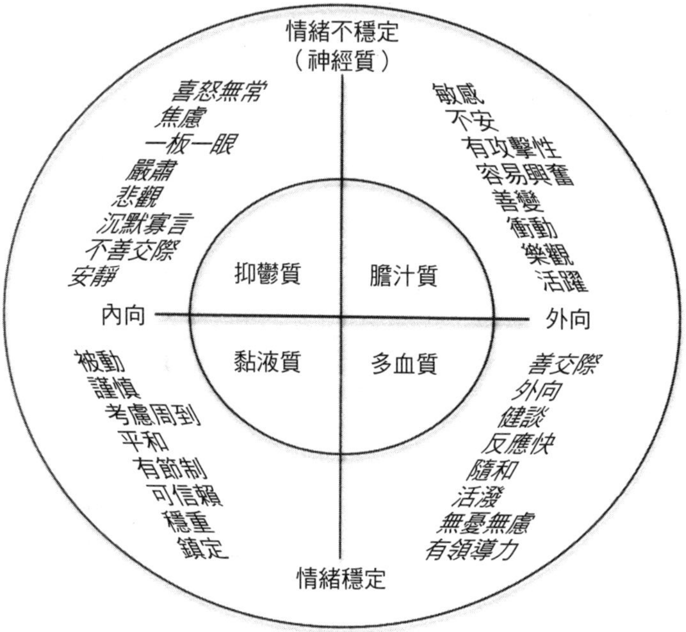

質內向型；多血質（溫和、有活力）對應情緒穩定外向型；黏液質（冷靜、獨立）對應情緒穩定內向型。由此可知，希波克拉底不僅是「西方醫學之父」，也是「人格研究之父」。

不過，跟美國心理學家戈登・奧波特（Gordon Allport）在二十幾年前提出的人格特質論所用的龐大詞彙數量相比，艾森克的二維人格模型就相形見絀。所謂的人格特質詞彙學就是把詞語跟相關人格產生關聯，依據定義以語言進行編碼。奧波特根據這種假說，開始從《新韋氏國際字典》（*Webster's New International Dictionary*）的浩瀚詞海中尋找詞彙。他想知道字典裡究竟有多少跟人格有關的字詞？答案是，這方面的字詞可真不少，奧波特找到將近一萬八千個字詞。後來他把表示短期人格特質、而非長期人格特質的字詞（例如：得意洋洋、面帶羞愧）剔除掉，終於將整個清單縮減到比較容易處理的數量範圍：四千五百個。

之後直到一九四六年，美國伊利諾伊大學心理學家雷蒙德・卡特爾（Raymond Cattell）對奧波特的理論做進一步研究，當時艾森克也正著手建構其人格模型，這時人格理論學家才真正有東西可以研究。卡特爾刪除同義詞，引用一些實驗室研究產生的新字詞，最後挑選出一百七十一個字詞。接著，他利用這些字詞設計人格量表，並找了一群志願者進行測試。測試相當簡單，就是依據提供的標籤，評量受試者對字詞的瞭解。

分析結果顯示出一個由三十五種主要特質組成的龐大人格結構，卡特爾將此稱為「人格總體」（personality sphere）。在後續十年中，卡特爾在第一代電腦的輔助下，利用當時剛在萌芽階段的因素分析法（factor analysis）[1]，針對原先的字詞清單做進一步的刪減修訂，最後只保留十六種主要特質（詳見圖2.3）。卡特爾的研究也到此告一個段落。

不過，目前職業心理學家和人力資源從業人員該慶幸的是，後來理論家繼續針對人格特質進行研究。一九六一年時，美

1 因素分析法是找出不同變數之間所存在關係模式的一種統計方法。這種方法特別能找出，所觀察變數是否能以名為「因素」這種較小數量的變數加以說明。舉例來說，在卡特爾的模型中，「合群性」這個主要因素就是由「友好」、「同理心」和「親切」這三個描述詞所構成。

圖 2.3 卡特爾的十六種主要人格特質

得分低者	因素	得分高者
內向	合群性	外向
駑鈍	推理性	聰明
情緒衝動	情緒穩定性	情緒穩定
服從	支配性	獨斷
嚴肅	活潑性	隨遇而安
不遵照規則	規範性	遵守規則
害羞	敢為性	毫無顧忌
意志堅強	敏感性	有同情心
信賴	警覺性	多疑
務實	幻想性	富於想像
直率	世故性	謹慎
自信	憂慮性	憂慮不安
保守	開放性	樂於嘗試
群體傾向	獨立性	自我中心
不自律	自律性	自律
放鬆	緊張性	緊張

國空軍研究員恩尼斯特・塔布斯（Ernest Tupes）和雷蒙德・克里斯多（Raymond Christal）順利將卡特爾的十六種人格特質，精簡成五種重複出現的特質。他們將其稱為外向性、親和性、可靠性、情緒穩定性和世故性。在最近這二十年，美國國家衛生研究院（National Institutes of Health）保羅・科斯塔（Paul Costa）和羅伯特・麥克雷（Robert McCrea），率先發展出名為 NEO 的人格量表。

什麼是五大人格

對外行人來說，人格當然沒有界限也具有一致性。唯有透過數學這面多稜鏡來篩選，才能把人格正式劃分成五個構成部分。你或許認為「五大人格」相當於心理學所談論的那種不可分割的主要「人格色彩」：一種能辨識我們所有人的人格光譜，二端是二種截然不同的人格特質，中間則是一個連續譜系。

圖 2.4 即為五大人格中各向度人格特質及其相關描述詞。

心理學家從 NEO 和其他類似「五大人格」的量表中獲益匪淺，這或許並不令人意外。他們將這類量表應用到各行各業的員工身上，推測人格與職場表現之間的準確關係。

圖 2.4 「五大人格」特質模型（McCrae and Costa, 1999, 1990）

因素	描述詞
經驗開放性	富於想像……………務實
	善變……………循規蹈矩
	獨立……………順從
勤勉審慎性	井然有序…………雜亂無章
	細心謹慎…………粗心大意
	自律……………隨興
外向性	善交際…………不善交際
	愛玩……………嚴肅
	感情豐富…………沉默含蓄
親和性	古道熱腸…………冷酷無情
	信賴……………多疑
	助人……………不合作
神經質	擔憂……………鎮定
	不安全感…………安全感
	自艾自憐…………自鳴得意

在過程中，他們發現人格跟工作性質之間存在一種顯著的關聯性。原來，不同人格特質的人適合的職場也不一樣。

研究在在顯示，經驗開放性人格在強調創新或情緒智商的行業裡，特別能出人頭地，比如顧問諮詢、仲裁和廣告業等。而在這方面得分低的人，則通常較擅長製造或機械方面的工作。在勤勉審慎性方面得分較高者，因為有強迫症或完美主義的傾向，所以凡事容易做過頭。而在這方面得分較低者的情況則恰好相反。外向性人格的人擅長比較需要社會互動的工作，內向性人格的人則適合更需要「獨處」或「思考」的行業，像平面設計和會計這類工作。跟勤勉審慎性人格者一樣，親和性人格者協調力好，能提高團隊績效，在像看護和武裝部隊這類強調團隊合作或顧客服務的工作中表現更加出色。但跟勤勉審慎性人格者不同的是，愈不具親和性人格特質者也有適合的行業，比方說像媒體業。在彼此競爭白熱化的媒體業，往往為了搶奪創意、新聞和佣金等資源而出現意見衝突，不具親和性人格者反而適合。

最後，我們還要談到神經質人格，這很可能是NEO五個向度中最不確定的一個。然而毫無疑問的是，在壓力狀況下需要情緒穩定和沉著冷靜的行業中，這群人就有用武之地，比方說在戰場上和手術室裡。值得注意的是，長久以來，神經質人格和創造力之間就有密不可分的關係。從古流傳至今的偉大文學和藝術遺產，不是大腦淺層思考的產物，而是潛藏於靈魂迷宮深處智慧的結晶。

但是，如果心理學家已經發現怎樣依據工作表現，區分人格差異，也就是知道職場成功跟人格有什麼關係，那麼人格病態者要靠什麼過活呢？二〇〇一年時，美國肯塔基大學（University of Kentucky）學者唐納德・林奈（Donald Lynam）和同事共同進行一項研究，想找出答案。他們發現人格病態者的獨特人格結構中，隱藏著一個能說明本身冷酷無情，卻又具說服力等特質的布局。他們邀請多位世界頂尖人格病態專家，以一到五的等級（一表示極低，五表示極高），對人格病態者的三十個人格特質進行評分，這些特質是構成「五大人格」主要向度的次要特質。結果如圖2.5。

我們可以從圖2.5中得知，人格病態者相當缺乏親和力，這一點並不讓人意外。大多數臨床醫師都認為，說謊、操弄、無情和自大，是人格病態者的「特質」。同樣地，他們在勤勉審慎性方面，也沒有值得讚揚之處。如同我們所知，衝動、缺乏長期目標、不負責任等，都是人格病態者的

圖 2.5 專家對人格病態者的特質進行評分

經驗開放性	勤勉審慎性	外向性
想像力3.1	能力4.2	熱情1.7
審美力2.3	條理性2.6	合群3.7
感受力1.8	責任感1.2	獨斷4.5
行動力4.3	成就感3.1	活力3.7
發想力3.5	自律1.9	尋求刺激4.7
價值觀2.9	審慎1.6	正向情緒2.5

親和性	神經質
信任1.7	焦慮1.5
坦誠1.1	憤怒與敵意3.9
利他1.3	憂鬱1.4
依賴1.3	自覺1.1
謙遜1.0	衝動4.5
菩薩心腸1.3	脆弱1.5

特質。但值得注意的是，人格病態者的強大「能力」，也就是在無比自信和不畏懼逆境等項目的評分，讓他們的人格分值由負轉正。接著就看到同樣的模式也出現在神經質這個方面：焦慮、憂鬱、害羞和脆弱都很少出現在精神病患身上，當這些特質跟外向性（獨斷和尋求刺激）及經驗開放性（行動力）結合在一起時，就產生了一種自然而獨特的魅力。

由此可知，人格病態者有著強而有力卻瞬息萬變的人格特質。他們一方面讓人眼花繚亂無惻隱之心，另一方面卻是冷酷無情不可預測。

這是美國總統的寫照嗎？二〇一〇年時，利林菲爾德跟司法心理學家史蒂文・魯本澤（Steven Rubenzer），以及美國德州休士頓歷史人格研究基金會的心理學教授湯瑪斯・法辛包爾（Thomas Faschingbauer）合作，分析一些相當有趣的資料。早在二〇〇〇年時，他們就將NEO人格量表寄給美國歷任總統的傳記作家。量表中包括這類問題：「你應該在別人利用你之前，就先利用他們」和「我從來不會因為傷害他人而內疚」[2]。量表中總共有二百四十個問題，這些問題不是要測試傳記作家，而是要他們根據對傳記主角的瞭解，代表回答這些問題。調查結果十分有趣，許多位美國總統清楚展現出人格病態者的特質，其中以甘迺迪和柯林頓的情況最為明顯[3]。不只這樣，看看羅斯福總統的遭遇就知道。這些在歷史上呼風喚雨的金童們，多位都名列其中。

既然連總統都有人格病態者的特質，那我們還有必要這麼擔心嗎？就像美國國家警察首長協會副會長庫利說的，既然世界最強國家的領導人其大部分核心人格特質，都跟連續殺人犯有許多相似之處，那麼我們還有什麼理由擔心呢？或許吧。但是，從利林菲爾德、魯本澤和法辛包爾對政治人物人格側寫的研究動機來看，我們有必要更深入探討，人格病態者的人格究竟是怎麼一回事？

當人格出現問題

說到人格障礙，我們必須特別小心，因為每個人都有一些人格障礙，不是嗎？我們就開門見山吧：有人惹毛你時，你可不能說對方有人格障礙（這是自戀者才有的誤解）。根據《精神疾病診斷與統計手冊》[4]中的定義，人格障礙是「個體長期偏離所屬文化期待

2 實際上，NEO人格量表只是這份擁有五百九十二個問題的龐大問卷之一部分，這份問卷針對包括人格、智力和行為等範圍廣泛的變數進行評估。不過，在統計方法的協助下，就可能依據個人在NEO人格量表的整體表現，推斷其人格病態側寫。

3 表格詳見www.wisdomofpsychopaths.com。

4 《精神疾病診斷與統計手冊》（*DSM*）由美國精神醫學學會（American Psychiatric Association，APA）出版，提供精神障礙分類的通用語和標準規範。在美國和世界各地，這本手冊被臨床醫生、研究人員、製藥公司、醫療保險業者、以及精神病藥品管理機關廣泛使用。手冊初版於一九五二年發行，第四版於二〇〇〇年發行，第五版於二〇一三年五月發行。

的一種內在經驗與行為模式」。

這項定義中的關鍵詞就是「長期」，因此人格障礙不會只發生在聖誕節期間（但那時確實是典型發作期）。人格障礙是在思考、感受或溝通等方面，出現根深蒂固且無法變通的模式，或是無法控制和調整會給自身帶來痛苦、或讓人格功能損害的衝動。因此，人格障礙不只是那些惹毛你的人才有，但有這種問題的人都會惹毛你。

《精神疾病診斷與統計手冊》將人格障礙分為三個不同的類別[5]，分別是奇特／怪癖類、戲劇／多變類和焦慮／抑制類。相信我，這些人在日常生活中處處可見。頭戴套式保溫帽、耳戴閃亮大耳環、討厭野貓騷擾、喜歡盯著水晶球占卜的大嬸，總覺得臥室裡到處都是「阿飄」，過馬路時把迎面而來的路人當成外星人（分裂型人格障礙）；渾身珠光寶氣、皮膚黝黑、經常注射肉毒桿菌的游泳池服務生，打扮讓美國男星米基・洛克（Mickey Rourke）都相形失色（自戀型人格障礙）；還有，我曾經雇用一名女清潔工，她在該死的浴室裡東摸西擦，忙了三個小時，都沒把浴室清掃完畢（強迫型人格障礙）。（天啊，我可是付她鐘點費的。這樣說來，我真懷疑究竟誰才瘋了？）

但是，人格障礙不只會在日常生活中造成麻煩，也在臨床心理學上引發極大的爭議。爭議焦點就圍繞著「障礙」一詞打轉。根據估計，在所有人口中，約有一四%的人被診斷出有人格障礙。現在問題來了，我們究竟該不該稱呼他們「障礙者」。在現實生活中，或許稱呼「人格障礙」比較好。但是，我們或許該思考，人格障礙究竟所指何意。比方說，人格障礙是不是從人格學說中分出的病理學分支，是跟主流人格研究有所區分的流行病學？或者正好相反，人格障礙是五大人格的一部分，是氣質研究中最冷門也最具爭議的外圍分支？

莉莎．索斯曼（Lisa Saulsman）和安德魯．佩奇（Andrew Page）在二〇〇四年進行一項大規模調查，他們認同前述說法中的後者，反對將人格障礙跟「五大人格」區分開來。索斯曼和佩奇一方面從臨床文獻中搜尋，依序研究《精神疾病診斷與統計手冊》列出的十種人格障礙之間的關係。另一方面，他們對「五大人格」的五個向度逐一進行檢查，然後將調查結果進行數據分析。分析結果透露，《精神疾病診斷與統計手冊》提到的十種人格障礙，都能以「五大人格」的結構做說明。其中，最關鍵的兩項是神經質和親和性。

為了說明，索斯曼和佩奇發現，情緒困擾型人格障礙（如偏執狂、思覺失調型、邊緣型、迴避型和依賴型）最可能具有神經質特徵，人際困難型人格障礙（如偏執狂、思覺失調型、反社會型、邊緣型和自戀型）就比較不具親和性，這一點或許並不令人意外。他們

5 人格障礙的完整清單詳見www.wisdomofpsychopaths.com。

還發現，人格障礙也跟外向性和勤勉審慎性有關，只是相關程度較低。所謂名流與隱士界限兩邊的人格障礙（一邊是戲劇型和自戀型，另一邊是思覺失調型、偏執狂和迴避型），也就是在外向性得分極高和極低的兩端。而寄生蟲與控制狂這種界限兩邊的人格障礙（一邊是反社會型和邊緣型，另一邊是強迫型），則是對應勤勉審慎性的兩端。

這個例子似乎很有說服力。如果萬能的「五大人格」向度構成我們人格的太陽系，那麼人格障礙的星群當然是太陽系中的一部分。但問題又來了，人格病態者這個星群究竟在太陽系的什麼地方？

狂而不瘋

跟人格研究一樣，古希臘人也最先思考人格病態這件事。哲學家泰奧弗拉斯托斯（Theophrastus）繼亞里斯多德之後，領導雅典的逍遙學派，他在《人物誌》（*The Characters*）這本著作中，精彩描述三十種道德氣質，其中一段話讓人印象深刻。

「無恥之徒，」他悲嘆地說，「向債主借更多錢，但是先前的欠債卻沒還……在市集上，他提醒屠夫說自己幫過忙，然後站在秤旁邊，扔一點兒肉上去，可以的話，他還會順便帶一塊骨頭回去燉湯。如果他的技倆奏效，那倒還好；如果不奏效，他就順手抓起一大塊肉，邊笑邊走掉。」數千年後，到十九世紀初期，這種無恥之徒又回來了。這次，他是玄學派的一位重要人士，要針對自由意志進行辯論。哲學家和醫師猜測，那些違反道德、昧著良心不學好的人，本性是不是沒有「那麼壞」，其實他們跟那些徹頭徹尾的惡棍不一樣，他們只是不太或完全不瞭解個人行為會導致什麼後果？

法國醫生菲利普·皮內爾（Philippe Pinel）在一八〇一年的某一天，看到一名男子當著他的面，沉著冷靜而泰然自若地踢死一隻狗。皮內爾驚嚇萬分，潦草地在筆記本上寫下這幾個字：「似瘋非瘋。」同年，他整理出對這種綜合症狀鉅細靡遺的描述：那名男子不僅對自己的行為沒有一絲一毫的懊悔，而且他在其他方面看起來也相當正常。現在，人們提到人格病態者就會講到的這句形容詞「似瘋非瘋」，似乎就是他當時率先提出的。時至今日，皮內爾的這段描述依舊相當正確。

事實證明，有這種想法的人不只皮內爾。一八〇〇年代初期，在美國執業的醫師班傑明·拉許（Benjamin Rush）就做過分析，並提出跟皮內爾類似的論述：同樣令人厭惡的行為，同樣平靜的思考過程。他認為做出這種行徑的人「天生道德淪喪，身體某些部分的組織很可能存在先天缺陷，導致大腦道德機能失常」。

他繼續補充，這種意志很可能「讓人抓狂，即使理智健全者在許多情況下……還是可以透過激情這種工具，讓這種意志在無意間演變成惡行。」

早在現代神經科學出現的幾百年前，拉許就有先見之明。換句話說，精神上的瘋狂行為不會徹底破壞理智。你可以同時看起來心智健全，而又「不健全」。

一百五十年後，美國喬治亞醫學院的醫師赫維・克萊克利（Hervey Cleckley），更鉅細靡遺地提出人格病態者的特徵。他在一九四一年出版的個人著作《理智的面具》（*The Mask of Sanity*），彙整拼湊出人格病態者的整體特質。他注意到人格病態者都很聰明，但其主要特質是冷漠無情、缺乏羞恥心、以自我為中心、外表迷人、缺乏內疚感和焦慮感、衝動不顧後果、生性善變、不負責任、操控慾強以及人際關係變化無常，這些說法跟二十一世紀臨床醫師對人格障礙的描述八九不離十（雖然在實驗室研究計畫的輔助，以及腦電圖和功能性磁振造影儀技術日新月異下，我們現在更清楚知道人格病態者為什麼會有這些特質）。但是，克萊克利對於人格病態者所做的描述，聽起來就像是對天才的描述，人格病態者被描述成「心智精明敏捷」、「談吐生動風趣」並具備「非凡的魅力」。

克萊克利在一篇令人難忘的文章裡，生動描述這些社交變色龍的思惟運作，揭穿藏在這些冰冷無情面孔背後的日常生活：

人格病態者對於所謂的個人價值觀這種事實或資料毫無所悉，也完全無法理解這種事情。他們不可能對嚴肅文學或藝術作品中表現出的人類悲傷喜悅，產生任何一點興趣。他們對生活中的這類情感問題也無動於衷。除非在很表面的層級，否則美醜、善惡、愛恨和風趣對他們來說都沒有意義，也無法感動他們……而且，他們也沒有能力去理解別人為什麼會感動。就像色盲無法辨飾顏色那樣，他們在情感方面就有這種障礙。雖然他們聰明絕頂，但你很難跟他們把這件事解釋清楚，因為在他們的認知軌道裡，沒有東西可以參考比較，來把這個認知落差銜接起來。他們會油嘴滑舌再三說道自己知道情感是怎麼一回事，但說穿了他們對於自己不理解的事，根本沒有自知之明。

也就是說，人格病態者理解情感的表面字義，卻無法理解其深層含意。

我剛開始跟人格病態者接觸時，就徹底體會到克萊克利在說些什麼。當時喬才二十八歲，長得比美國男星布萊德．彼特還帥，智商高達一六〇。但是讓人百思不得其解的是，這位帥哥竟然克制不住衝動，在停車場打昏一名女孩，然後開車把她載到北部小鎮偏遠地帶，多次拿刀威脅並強暴這女孩，最後將這女孩割喉虐殺，並把屍體臉部朝下扔進廢棄工業區的廢料桶裡。後來，警方還在喬的雜物箱裡，找到女孩的部分殘骸。

五年後，喬已經被關進離命案現場百萬哩遠之處，我跟他在一個毫無生氣、密不透風的會面室裡見面，空氣裡還殘留消毒水的味道。喬就坐在我對面，我們隔著一張桌子對話。我很想知道他的決定機制，也對他大腦中道德準則的隨機設定很感興趣。當時我早就準備好要用心理戰術，當成我的祕密武器。我跟他提出下面這個難題：

有位醫術精湛的器官移植手術醫師有五名病人。每名病人都急需一個和其他病人不同的器官，沒有這些器官，這些人都會死。可惜目前沒有可用的器官可進行移植手術。這時，一名身強體健的年輕旅客來找醫生做例行檢查。醫生在檢查時發現，這名年輕人的器官正好符合那五位垂死病人的需要。假設這名年輕人失蹤了，沒有人會懷疑這位醫生。那麼這位醫生殺了這名年輕人來挽救五名病人的性命，這樣做對嗎？

這個道德難題是由第一章中提到大塊頭和火車實驗的作者湯姆森率先提出的。雖然這個問題確實有爭議之處，但大多數人很容易就能回答這個問題。從道德方面來說，醫生剝奪年輕人生命的行為會受到指責，不論當時他的理由多麼講究人道和同情心，他都沒有權利殺死病人。這當然是謀殺，不過像喬這種人會怎麼想呢？

我跟喬詢問此事時，他就事論事地說：「我知道問題出在哪裡。如果你把它當成玩數字遊戲，那就再簡單不過。把那個年輕人殺了，就能救另外五個人。這是功利主義導向，祕訣就是別想太多……如果我是那位醫生，連想都不用想。這不就是犧牲一條性命換取五條性命？對這五個病人的家庭來說，是五個好消息對一個壞消息。這筆交易很划得來，不是嗎？」

「他們利用數字來處理情緒問題。」一位資深司法心理學家坐在他的辦公室裡談論精神病態者時，這樣跟我說。

人格障礙不等於人格病態

人格病態者的說服力無人能及，他們突破人們心防的能力也堪稱傳奇。喬這位有著如北極雪地般冰冷的藍眼睛，及天才般高智商的殺人凶手和強姦犯，當然也不例外。事實上，有時跟人格病態者交談時，如果你不清楚狀況，根本很難發現對方有什麼不對勁。這也是多年來學術界對人格障礙的分類難以達成共識的原因之一。

後來，臨床醫師終於在這方面達成共識。一九八〇年，海爾設計出《病態人格檢測表》（*Psychopathy Checklist*），用來測試個人是否出現人格障礙。此表於一九九一年經過修訂，並重新命名為《病態人格檢測表修訂版》[6]，內容包含二十個題目，總分為四十分。（個人針對每個題目作答，答案為「不符合」得零分；「部分符合」得一分；「完全符合」得二分。）根據海爾自己的臨床觀察，以及喬治亞醫學院克萊克利先前找出的那些特質做為評分標準。

我們大多數人的得分約為二分，達到人格病態者標準的分數是二十七分。

由於人格理論學家向來喜歡這樣做事，所以組成《病態人格檢測表修訂版》的二十個題目，就跟構成NEO人格量表的二百四十個問題一樣，在許多情況下都會受到統計洗牌遊戲，也就是受到因素分析所局限，或許這種情況並不令人意外。多年來，這種遊戲的結果各有不同，不過最近一些臨床心理學家進行的活動指出，人格空間確實存在著五種主要向度，人格病態譜系主要存在於其中四種向度（見圖2.6）。

換句話說，人格病態是一種複合型人格障礙，是由許多譜系中分散、相互獨立卻多重相關的元素所組成，而這些譜系包括：人際關係、情感、生活方式和反社會。就像人格這個女巫釀造魔法藥水的殘留物。

但是在這些譜系中，哪一個最重要呢？舉例來說，某人在量表中的反社會元素得分高，而在人際關係向度上得分較低，那麼跟這兩項得分正好相反的另一個人相比，前者更可能是人格病態者的程度究竟是較高或較低呢？

從臨床定義的實證與診斷來說，在有關人格病態的論戰中，這類問題相當常見。以《精神疾病診斷與統計手冊》列表中的反社會型人格障礙（ASPD）為例，流行病學的爭論就具有特別的策略重要性。美國精神醫學學會的說法是，反社會型人格障礙和人格病態其實是同義詞。反社會型人格障礙的定義為：「從童年時期或青春期早期開始，延續到成年期的一種無視或侵害他人權利的普遍模式。」一個人必須年滿十八歲，且在十五歲前就有行為規範障礙的證據[7]，並至少符合下列標準中的三項：

6《病態人格檢測表修訂版》（*Psychopathy Checklist-Revised, PCL-R*）由合格人員用於臨床情況中，根據大規模審核和半結構式的訪談來進行評分。請注意，千萬不要拿此表來檢測你的理財經理。

圖 2.6《病態人格檢測表修訂版》中的四種因素模型

人際關係項目	情感項目	生活方式項目	反社會項目
花言巧語／外表迷人	缺乏悔意或內疚感	需要刺激／容易無聊	缺乏行為控制力
自以為是	感情膚淺	寄生的生活方式	早年行為問題
病態說謊	冷酷無情／缺乏同理心	缺乏實際長遠的目標	少年犯罪
詐騙／操縱他人	無法為自己的行為負責	衝動	被撤銷假釋或有條件釋放
		不負責任	作惡多端

（資料來源：Hare, 2003）

- 無法遵守法律和社會規範的行為，屢次做出應受拘捕的行為。
- 欺詐，為了個人利益或樂趣多次說謊，使用假名或詐騙他人。
- 衝動性，或無法事先計畫。
- 易怒和攻擊性，有多次鬥毆或襲擊的行為。
- 魯莽行事，不管自身或他人的安全。
- 始終不負責任，多次不履行工作或財務義務。
- 缺乏悔意，在出現傷害、虐待或偷竊他人的行為後，表現出無所謂或找藉口將個人行為合理化。

但是，人格障礙跟人格病態真的能劃上等號嗎？許多理論家認為，雖然二者之間確實有重疊之處，但基本上強調的異常行為卻有所不同：以「社會偏差」標準的行為項目來說，描述反社會型人格障礙的特性，跟讓人想起人格病態者核心情感受損、性情難以捉摸的特性，其間就出現顯著的失衡。

不論統計或其他方面來說，這些盤根錯結的關係當然會帶來影響。以監獄人口來看，反社會型人格障礙跟人格病態就像感冒一樣常見。根據海爾的調查，多達八〇％到八五％的受刑人符合反社會型人格障礙。相較之下，只有二〇％的人格病態者是受刑人。而且，這二○%的少數卻非同小可。根據記錄，最重大的犯罪行為中，約有五○%是由人格病態者犯下的，比方說：謀殺和連續性侵案，而且這些人格病態者通常都是累犯。

針對人格病態和非人格病態罪犯進行的比較研究顯示，若以一年為期，前者再次犯刑的可能性，是後者的三倍。假如把暴力行為考慮在內，整個曲線會出現更陡峭的變化。人格病態罪犯因為毆打他人、性侵、殺人而再次入獄的可能性，約為非人格病態罪犯的五倍。更確切地說，反社會型人格障礙和人格病態之間的關係是不對稱的。被診斷出有反社會型人格障礙的每四人中，可能只有一位是人格病態者。但每一位人格病態者卻都可能有反社會型人格障礙。

殺人犯之間的區別

接著就以下面這兩個案例，希望能更清楚說明人格障礙跟人格病態這兩種綜合症狀之

7 根據《精神疾病診斷與統計手冊》，行為規範障礙其主要特徵是「一種反複持續的行為模式，侵犯到他人的基本權利或違反與其年齡相符的主要社會規範……在十二個月內具有下列標準中的三項（或以上），六個月內至少出現下列標準中的一項：對人或動物有攻擊行為……損壞財物……欺詐或偷竊……嚴重違規。」此外，行為規範障礙「從臨床來講，會讓個人在社交、學業或職能上，產生顯著的損害」。行為規範障礙有兩種形式：一種是在兒童期發病（在十歲前至少出現人格障礙標準中的一項），另一種是在青春期發病（在十歲前未出現人格障礙標準中的行為）。

間的差異。

案例一：

吉米現年三十四歲，因謀殺罪被判無期徒刑。他向來脾氣暴躁，最後在夜店捲入一場鬥毆，重創受害人頭部致死而吃上牢飯。大致說來：吉米在牢裡人緣蠻好的，他規規矩矩，行事低調。他給人的第一印象是不夠成熟、個性隨和，跟獄方工作人員和其他受刑人都相處融洽。

吉米約有六次犯罪記錄，第一次是十七歲在商家行竊被逮。不過他的父母表示，吉米先前就已行為不檢。吉米十五歲時就開始在學校和家裡惹是生非。起初，他很晚回家，跟當地惡名昭彰的幫派鬼混，經常說謊，打架鬥毆，偷車和毀損他人財物。十六歲時輟學，開始在一家知名百貨公司上班，負責卸貨工作。後來他開始酗酒，有時會從倉庫偷東西勉強過活。他不懂得存錢，總是入不敷出，所以從事大麻交易。過了幾年，在十八歲生日的三個月後，他申請緩刑，搬去跟女友同居。失業後又做過幾份工作，後來他在一家修車廠找份差事做。雖然因為酗酒、毒品交易和消費習慣而常跟女朋友爭執，不過兩人的關係還是漸漸步入正軌。他有過幾次外遇，最後還是跟外遇對象分手。他覺得很內疚，也擔心女友發現會離他而去。

後來吉米嚴重酗酒到開始失控。某天夜裡，他在當地一家夜店跟人打架，店裡工作人員很快就把吉米請出去。通常在這種情況下，吉米會摸摸鼻子、乖乖走人。但是這一次不知何故，他不想「就這樣算了」。他拿起一支撞球桿，從後面向另一個傢伙的頭部猛砸過去，力氣大到連球桿都裂了。不幸的是，這一下重擊造成受害人腦部大量出血。警察抵達現場，吉米當場認罪。在法院審訊時，他也承認自己有罪。

案例二：

伊恩三十八歲，因謀殺罪被判無期徒刑。案發情況是某天夜裡，他進入一家汽車旅館想找東西吃。後來，為了從櫃台抽屜裡偷錢，他近距離開槍射殺櫃台人員。在牢裡，他因為多次吸毒和交易毒品而出名，同時也捲入多起敲詐勒索事件。他魅力十足又愛說笑（至少一開始是這樣），但是話題最後總會講到暴力行為或性方面，所以獄方女性工作人員根本不理會他。他曾經有很多工作機會，卻因為個性太不可靠，加上不如意時就會突然攻擊別人，所以工作總是一個換一個。大多數獄友對他的看法都帶著一種既畏懼又夾雜著尊敬的感覺，而伊恩對這種名聲也沾沾自喜。

根據犯罪記錄記載，伊恩從九歲就開始犯案，當時他在當地青年俱樂部偷了一些電腦設備。十一歲時，他的惡性迅速大增，竟想謀殺一名同學。他在學校廁所裡跟一名男同學勒索，對方拒絕把晚餐錢拿出來，他便拿塑膠袋套在男同學頭上，想把對方悶死。伊恩還說，要不是老師剛好出面制止，否則「一定讓那個死胖子再也不必吃晚餐」。回想起這件事，伊恩搖搖頭，笑了起來。

離開學校後，伊恩大部分時間都在不同拘留牢房度過。他作惡多端，犯下的罪行包括：詐欺、商家行竊、盜竊、街頭搶劫、致人重傷、縱火、毒品交易和拉皮條。有一段時間，他沒有一個工作能做滿兩週，只好靠朋友資助，不然就靠偷錢偷東西過活。他喜歡生活多變，所以借住不同朋友家，換住一家又一家的旅館，喜歡漂泊，不喜歡落地生根。由於他自信大膽又魅力非凡，所以總有人願意收留他，這些人通常是他在夜店裡勾搭上的女人。想當然耳，這些女人最後都會為他淚流心碎。

伊恩從沒結過婚，但他有一堆同居女友，維持最久的一段關係也才持續六個月，而且跟其他感情關係一樣，交往期間雙方老是激烈爭吵。每次都是伊恩搬到女方家，而不是她們搬來跟伊恩住。每次他都把「女生迷得團團轉」，而且風流韻事從沒停過。其實伊恩自己就說，他回想起來自己一直都跟多位女性交往，但他聲稱自己從沒不忠過。「大多數時候，我晚上還是會回到女友住處，」他說。「我都做到這樣了，她們還有什麼好要求呢？」

在法院審訊時，檢方對伊恩提起訴訟的證據確鑿。但伊恩卻提出無罪抗辯，時至今日，他仍然認為自己無罪。法庭宣讀伊恩的判決時，他還對受害人家屬微笑，從被告席被護送離開時，向法官豎起中指表達不滿。從入獄起，伊恩兩度提起上訴。儘管律師多次反駁他，但他相當自信，認為自己的案子會重審，會推翻先前的裁定。他說：「等著開香檳慶祝吧！」

照這樣看來，如果你是臨床醫生，而伊恩和吉米是同一間牢房的獄友，他們都坐在走廊等著諮詢。你自認能分辨出他們二人當中，誰是人格病態者嗎？表面上看來或許很難區別，但我們若從反社會型人格障礙的標準來檢視，二人都無法遵守社會規範，行為控制能力都很差，都符合衝動性、攻擊性和不負責任這些條件。但我認為，這個診斷再清楚不過。

現在，我們要比對一下對人格病態的描述：吉米和伊恩符合尋求刺激和寄生的生活方式嗎？在我看來，伊恩比吉米更符合這項描述。不過當我們講到情感這種事，或者更具體地說，以缺乏情感這點來看，伊恩才真正開始卸下「理智的面具」。魅力十足、自以為是、操控他人、缺乏同理心和內疚感：伊恩的人格特徵跟人格病態特徵如此相符，好像他一直在身體力行。好像他最近剛從某家祕密的精神病患專科學校出來，並以優異的成績結業。總之差別就在帶有情感與否，反社會型人格障礙有情感，而人格病態則絲毫不帶任何情感。

人格病態者就在你身邊

出現這種人格病態與《精神疾病診斷與統計手冊》標準不符的疏漏，著實讓人感到好奇。對於這種既奇怪又明顯的情況，最常見的解釋是，人格病態難以通過實驗證明，而且大家都把人格病態當成反社會型人格障礙。或許，內疚感、悔意和同理心這些概念很難量化，所以最好的辦法就是利用可觀察的行為來做判斷，以免做出過於主觀的結論。

但是這樣講也有問題。首先，研究顯示，在用《病態人格檢測表修訂版》進行檢測時，臨床得到的結果皆趨於一致。以適當的術語來說，這種檢測標準具有很好的「施測者間信度」（inter-rater reliability）。一位資深精神科醫師告訴我：「人格病態者一進門，幾秒內你就可以聞到他們的味道。」

但這並非爭議的唯一焦點。人格病態者的身分之謎，他們隱藏在理智面具下的面貌，究竟是什麼模樣。而且，更令人不安，也更貼近我們生活的現象是：並不是所有人格病態者都關在監獄裡。事實上，大多數人格病態者都在外頭的世界。而且，當中有一些人在職場上的表現還相當出色。如同利林菲爾德的研究顯示，這些事業有成的人格病態者讓我們對反社會型人格障礙提出質疑，轉而支持《病態人格檢測表修訂版》的檢測標準。

最近美國奧克拉荷馬州立大學學者史蒂芬妮．馬林斯史威特（Stephanie Mullins-Sweat），向律師和臨床心理學家提出一份對人格病態特徵的典型描述。這二組專業人士看過後，被要求當場回答：在他們認識的人當中，是否有人符合（而且此人在他們同行中還做得相當成功）？如果真有人符合，他們能否根據「五大人格」測試，對這個人的人格進行評分？

結果顯示出一個有趣的現象：事業有成，尤其是在企業界、學術界和執法機關表現出色的「人格病態者」[8]，跟以往的調查一樣都被描述為有「邪惡和卑鄙的本性」。他們其實跟一事無成的人格病態者一樣，都「不誠實、利用他人、缺乏悔意、很少自責、傲慢自大又膚淺」。

這一點倒不令人意外。但是，以「五大人格」進行測試時，竟然出現類似的結果。根

8 這項研究中出現的一些成功指標包括：一流警探、知名大學院長、成功的零售商、賺很多錢還當過三年市長、得到聯邦政府巨額補助的教授。

據肯塔基大學學者林奈的研究顯示，事業有成的人格病態者在獨斷性、尋求刺激和合群性向度上得分較高，而在親和度上，比方說：利他、順從和謙遜方面的得分較低。另外，除了自律（事業有成的人格病態者自律性更高）這個項目外，事業有成跟一事無成的人格病態者在盡責性方面表現相當，但前者在能力、條理性和追求成就方面的分數最高。

這一切都指向這個問題：最重要的差別究竟在哪裡？事業有成跟一事無成的人格病態者、總統跟戀童癖之間的不同，難道只是懂不懂得自律？在其他條件相同的情況下，這種可能性或許有幾分道理。刻意延後滿足、克制欲望、走為上策這種能力，或許就能破壞平衡，讓人格病態者遠離犯罪活動，往更有條理、更不衝動、比較不反社會的生活方式邁進。

除了犯罪活動這個問題本身會產生爭議外，《病態人格檢測表修訂版》和《精神疾病診斷與統計手冊》中提出的反社會型人格障礙的標準，「犯罪行為多樣性」和「多次做出可遭拘捕的行為」，分別構成診斷為人格病態的決定性因素。換句話說，這些症狀就是取決人格病態的主要項目。不過，馬林斯史威特的研究說明，這二個項目未必適用於事業有成的人格病態者。一個人是人格病態者而非罪犯，這是很有可能的事。

所以，事業有成的人格病態者不算是真正的人格病態者嗎？跟比他們更惡名昭彰、窮凶惡極的人格病態者相比，他們的神經元之間缺少突觸嗎？這問題確實很傷腦筋。不過，十五年前就有人開始行動，準備解決這個問題。後來，我還在美國亞特蘭大市區跟這個人一起大啖墨西哥鱷魚玉米捲，同時聊聊他當年的創舉。

潛在的人格病態者

一九九六年，利林菲爾德跟搭檔安德魯斯正絞盡腦汁，努力解決這個難題。利林菲爾德身為該領域的資深研究人員，已對許多人格病態者進行研究，並得到一項明確結論，只是這項結論令人困惑。根據對人格障礙構成的關注範圍，也就是克萊克利制定的《病態人格檢測表修訂版》和其他臨床評量方法，這種探討何謂人格病態者的傳統概念本身就很奇怪。多年來，利林菲爾德體認到，診斷人格病態的重點範圍愈來愈廣。起初，重點是形成人格障礙的人格特徵，現在似乎轉移到反社會行為上。人格病態就像一個熱鬧的馬戲團，現在已經陷入鑑識的泥沼裡。

利林菲爾德和安德魯斯以無畏這個恰當的例子做說明。早在一九四一年最初的聲明裡，克萊克利就主張，低焦慮程度是構成人格病態的特徵之一，也是這種症候群的一項重要特徵。然而，這一點具體體現在《病態人格檢測表修訂版》的哪些方面？除了這項疏漏，利林菲爾德還發現大家對人格病態的看法，在「臨床派」跟人格病態研究同行之間，形成一個重大的理論斷層：守舊派將定性心理學（qualitative psychology）和定量行為結果這兩種分析劃分開來。

看來，這兩個陣營漸漸從知識論中出現，一邊是克萊克利派，他們最感興趣的是人格深層方面，另一邊則是行動主義派。他們堅持《精神疾病診斷與統計手冊》和反社會型人格障礙中的標準，相較之下通常更關注犯罪記錄。不用說，這種分裂對於長久以來的實證探索，和診斷上達成共識都沒有幫助。一個人可能具備病態人格的所有必要條件，卻沒有參與反覆出現的反社會行為，如同馬林斯史威特提出的「潛在性」（subclinical）類型。以此個案來說，堅持人格基礎方法的一派，即認定其為人格病態者；而利林菲爾德和安德魯斯卻發現，行為主義派會根據此人的行為，以及事實勝於雄辯的原則，認定此人並非人格病態者。

這二種觀點都有利有弊。如同我們在伊恩和吉米的例子所見，並不是所有多次參與犯罪行為者都是人格病態者。其實，在現實生活中，人格病態者只是極少數的一群人。我們必須想點辦法，把這兩個互相對立的觀點結合起來。利林菲爾德和安德魯斯便找到解決之道。

《病態人格量表》（*Psychopathic Personality Inventory, PPI*）包括八個互相獨立的病態人格向度，總計一百八十七個問題。雖然這不是世上最容易作答、題材內容也不是最好的問卷，卻是至今最全面的心理測驗之一。有趣的是，我們先前提到的因素分析即揭露其中一個類似模式。這八個相互獨立的病態人格分別是：不擇手段地以自我為中心（Machiavellian Egocentricity, ME）、衝動且不遵守規則（Impulsive Nonconformity, IN）、責任外在化（Blame Externalization, BE），無憂無慮無計畫性（Carefree Nonplanfulness, CN），無畏（Fearlessness, F），社會效能（Social Potency, SOP），對壓力的免疫力（Stress Immunity. STI）和無情（Coldheartedness, C）。這八種向度是依據以下三種更上層的軸線做劃分和改良：

- 以自我為中心的衝動性（ME+IN+BE+CN）
- 無畏的支配性（SOP+F+STI）
- 無情（C）

以統計學來說，一旦透過數學方法確認，最後就呈現出人格病態純粹的 DNA 序列。這就是克萊克利最初得到的「基因組」，經過時間演變遺傳下來。而且，任何人幾乎都符合這個基因組。

我跟利林菲爾德邊喝龍舌蘭酒，邊吃墨西哥玉米捲，這時他從核心人格的觀點，跟我說明究竟怎樣才能算是真正的人格病態者。他詳述《病態人格量表》依據的實證理論：

「目前看來，對這種綜合症狀的現有評量的問題出在，這些評量大多應用在罪犯和違法者身上。不過我們知道，人格病態者『表面上』看來一切正常，而且他們當中有些人還相當成功。我們可以這麼說，整體來看，無情、意志堅定、魅力非凡、專注、有說服力和處變不驚等，就是區分強者和弱者的特質。所以某種程度上，我們必須填補獄中人格病態者和精英人格病態者之間的空隙。醫界和學界早就制定方法診斷出有反社會行為的人格病態者，但是對於那些潛藏各處、沒有反社會行為的人格病態者，該怎麼認定他們呢？

「我們推論出人格病態是一個譜系。我們當中有些人在某些特徵上得分高，而其他則得分較低，這一點毋庸置疑。舉例來說，你跟我的《病態人格量表》總分可能一樣，但我們在這八個向度中的分布可能完全不同。你可能在無憂無慮無計畫性這個向度得分較高，在無情這個向度得分較低。而我的情況可能正好相反。」

利林菲爾德認為人格病態是一個譜系，這種觀念意義重大。如果將人格病態定義為正常人格的延展，那麼從邏輯上說，它本身就是一個標量，而且在任何特定情況下，它多多少少都能帶來相當多的優勢。以心智功能失調來說，這種前提並非沒有前例可尋（其實，人格病態雖然在某些情況下是有利的，但本身確實是一種功能失調）。舉例來說，自閉症這個譜系跟社交互動和溝通的一連串異常有關，從位於深層的功能嚴重受損（沉默、心智障礙、出現搖頭晃腦或擺動身體的典型行為），到位於淺層的輕度障礙，像高功能自閉症患者的人際互動策略主動卻怪異，他們只對極少數事情感興趣，而且非常熱衷「千篇一律」、規則和習慣。

而思覺失調這個譜系大家或許比較不熟悉，但卻同樣有關。相關研究顯示，思覺失調這種體驗（通常無害也不會讓人煩惱那種類型）一般其實相當常見，而且這種情況不該以二元論判定（你要不有思覺失調，要不就沒有）。思覺失調應該被當成一種向度障礙，可以在正常、異常和病態之間做清楚的區分。在這種結構下，思覺失調的症狀（奇怪的信念、怪異的言語模式、反常的人際互動作風）就能依據這個大類別的不同照護程度做解釋。人格病態的情況也一樣，在低到中等程度時，這種「障礙」當然可以妥善處理，甚至在某些情況下還能帶來好處（思覺失調就跟創造力有關）。可是一旦障礙程度較為嚴重，情況就會變得更加危險。

利用這種做法解決心智障礙這個難題，具有一種直觀和常識的吸引力。畢竟，「我們大家都有一點瘋狂」這種論點很難忽視。不過，講到人格病態和利用向度說明人格病態譜系，利林菲爾德當然無法讓一切如願以償。有些人就對利林菲爾德提出的這種滑尺量度（sliding scale insulin, SSI）解決方案有意見，並且舉證加以反駁。約瑟夫．紐曼（Joseph Newman）就是其中的代表人物。

恐懼源自無謂的想像

紐曼是美國威斯康辛大學麥迪遜分校（University of Wisconsin-Madison）心理學教授，在他的辦公室裡坐上一小時，就如同坐在心理學風洞裡，或像在認知科學的急流中泛舟那樣刺激。他在過去三十年內，一直進出美國中西部一些最暴力及犯罪事件頻傳的監獄。他當然不是去監獄坐牢，而是世上最天不怕、地不怕的研究人員之一，他膽子大到進出監獄跟心智功能嚴重失調的人格病態者打交道。雖然長時間以來，他早就適應這種嚴酷無情的環境，但他承認即便到現在，自己有時候還會覺得有些毛骨悚然。

他拿幾年前發生的一件事為例，當時有一個傢伙的《病態人格檢測表修訂版》得分高達四十分。如果你還記得的話，這是個人能拿到的最高分，也就是滿分，這種情況相當罕見。這傢伙可說是「道道地地」的人格病態者。「通常，在訪談過程中，我們在某個時間點會故意施壓試探這些人格病態者，」紐曼跟我這樣說，「你知道啊，我們就是刺激他們，判斷他們的反應。可是我們試探這傢伙時，起初他都表現良好：談笑風生、風趣大器，可是等到被刺激時，他就露出一種冷漠、六神無主的眼神，這種眼神很難形容，不過你看到就會明白，就像在告訴別人『給我滾開！』似的。你知道當時怎樣嗎？他真的把我們嚇壞了。」

紐曼承認自己有時也會露出那種眼神，但他並沒有說只有同類才能彼此瞭解。不過，對於在紐約這種龍蛇雜處的陋巷長大的紐曼來說，他也曾持刀槍，讓大家敬而遠之。他語氣不帶一絲諷刺地說，自己很感激有過那段歲月，讓他後來在學界從事精神病受刑人研究時，還能泰然自若。

談到人格病態者的選擇標準時，紐曼比大多數人更為謹慎。「我最關心的是，大家太隨便使用『人格病態』這個標籤來扣帽子，卻對其中關鍵因素沒有足夠的瞭解，」他以近乎道歉的語氣柔聲說，「結果，這個詞變成普世適用，常被用在一般犯人和性侵犯身上，他們的行為或許主要反映出社會因素或其他情緒問題，其實這些人只要經過治療就能見到成效，未必是跟人格病態劃上等號。」

同樣地，他比較認同人格病態者能與犯罪行為共存，卻克制自己不做壞事這種觀點，通常這類人格病態者在本身從事的行業裡表現優異，包括：外科醫生、律師和公司管理階層。「討厭低風險和缺乏悔意，這兩種人格病態特徵結合在一起，」他解釋說，「在不同情況下，可能會導致個人犯罪，也可能讓人在事業上獲得成功。有時候，則是兩種情況都發生了。」

所以，這一點並沒有什麼問題。不過講到人格障礙的根本成因或病因時，紐曼的觀點卻剛好相反。傳統觀點認為，人格病態者無法體會到恐懼、同理心和大多數情緒，因此他們對社會認知麻木不仁，結果就無法將這些情緒跟本身所做所為聯繫起來。在馬里蘭州貝塞斯達國家心理健康中心（National Institute of Mental Health）任職的另一位精神病學大師詹姆斯．布萊爾（James Blair）也支持這種說法。他意有所指地說，腦部主掌情感的杏仁核跟許多部位的聯繫緊密，像是海馬迴、顳上溝、梭狀皮質、前扣帶皮層（大腦偵測錯誤和監控衝突的部位）和眼眶額葉皮層，因此有關杏仁核的神經功能失調，就是導致人格病態這種症狀的主要成因，因為醫學界對精神病學染色體的認定標準，所依據的核心生物基礎就是：伴隨情緒嚴重受損出現的行為和一再重複的反社會行為。

但是，紐曼有其他看法。他不相信人格病態者無法感受到恐懼，他不認為這群人就像文獻記載的那樣毫無情緒可言。相反地，紐曼提出的論調是，人格病態者只是沒有注意那些情緒罷了。舉例來說，如果你很怕蜘蛛，那麼就算是想到任何有八條腿的東西，都會讓你冒冷汗。可想而知，如果有一隻塔蘭圖拉毒蜘蛛在離你頭上幾公分的地方晃動，會是什麼情況。但是如果你根本不知道牠在那裡，你就不會害怕，對吧？在你的腦子裡，牠根本不存在。

紐曼利用一個精心設計的巧妙實驗證明，人格病態者的情況可能也一樣。人格病態者對大多數事情都沒有感覺，他們不會感覺痛苦，也不會注意別人的痛苦。原因不是他們無法感覺，而是因為他們全神貫注在能獲得立即滿足的工作時，就會把所有「不相關的事」都過濾掉。也就是說，他們對情感的專注範圍相當狹隘。

紐曼及同事們利用一系列貼錯標籤的圖案，找來一群人格病態者和非人格病態者做實驗，這些圖案如圖2.7所示。

這項作業似乎很簡單，認知心理學家都很喜歡，對注意力機制特別感興趣者更是如此：說出圖案的名稱，並忽略掉跟圖案不相符的文字；在時間限制內，連續進行一系列的實驗。

事實上，大多數人最後都會發現，這個實驗其實沒有那麼簡單。「說出焦點區的圖案名稱」這個明確指令，跟「讀出圖案上不相符文字」的強烈欲望，兩者發生衝突。這種令人難以忍受的衝突讓人猶豫不決。這種猶豫也稱為「史楚普干擾效應」（Stroop interference，依據史楚普的姓氏命名，他於一九三五年提出原創範例），是一種衡量注意焦點的方法。你說得越快，你注意的焦點就越狹窄；你說得越慢，你注意的光束弧度就越大。

如果紐曼的理論有道理，人格病態者確實因為他所說的某種資訊處理缺陷（或才能）深受其害，那麼對人格病態者來說，這個實驗就再簡單不過。他們應該比非人格病態者更快說出圖案名稱，也能輕鬆完成這項作業。

這個研究結果再完美不過。紐曼經過多次實驗發現，非人格病態者志願者因為圖不不相符而無法達成任務，必須花更久的時間才說出圖案名稱。相較之下，人格病態者不費吹灰之力就完成作業，根本不受影響。而且，紐曼從數據中發現到一項異常，現在才開始對利林菲爾德和人格病態譜系有點不利：一旦得分達到臨界值，反應模式就突然出現中斷。在《病態人格檢測表修訂版》中得分較低者的情況也一樣，他們在史楚普作業過程中都遭遇同樣的困難度。可是，一旦得分達到人格病態的臨界值，也就是在二十八到三十分時，整個情況就徹底改觀，為數極少的這群人認為這實在很簡單。其他人清楚看到顯現在圖案

圖 2.7　史楚普作業（改編自 Rosinski, Golinkoff, and Kukish, 1975）

上的那些干擾，他們似乎完全視而不見。

這並不是因為他們對這些干擾具有免疫力，完全不是。在一項獨立研究中，紐曼讓人格病態者和非人格病態者觀看電腦螢幕上出現的一系列字串。其中有些字串是紅色，有些是綠色。這項研究還有一個規則：紅色數字在電腦螢幕上隨機顯示到一定數量時，受試者就會遭到電擊。如同預期，在不去注意是否遭受電擊時（例如在被問及螢幕上的字母是大寫還是小寫時），跟非人格病態者相比，人格病態者表現出較少焦慮。但是，當字母顏色突顯會遭到電擊時（例如當受試者被要求清楚說明字母顏色是紅色還是綠色時），結果就跟紐曼和同事的預期一樣，趨勢開始反轉。這次，輪到人格病態者更緊張不安。

「人們認為人格病態者冷酷無情，不會害怕，」他說，「但是其中一定有蹊蹺。當人格病態者聚焦於情緒時，他們的情緒反應確實很正常；但是在關注其他事情時，他們就對情緒一點也不敏感。」

這跟《病態人格檢測表修訂版》在臨床上的反應背道而馳，那麼人格病態究竟是什麼？它是人格譜系的一部分，還是一種完全獨立的人格障礙？這個謎團突然更難以解開了。

一小步，一大躍進

從本質來說，如果假設這個問題的答案非黑即白，其實也是合理的。換言之，如果人格病態是一個連續體，那麼軌跡就是由低到高，從為印度窮人奉獻一生的德蕾莎修女到連續殺人犯蓋西之間的軌跡就是直線型，而道德失衡之路也是平順漸進。如果不是這樣的話，就會像紐曼觀察的數據模式出現極為陡峭的變化。但實際上，買過樂透彩券的人都會告訴你，事情並沒有這麼簡單。六個彩券號碼確實是一個連續體：是從第一個號碼到第六個號碼的一個連續體。但是你中的獎金卻可能從一千美元到一百萬美元不等，所以結果其實大不相同。這個函數呈現指數變化，一邊是連續幾個數字之間的關係，一邊是如何將這些數字轉換成「現實」貨幣，這一切都跟機率有關。猜中所有六個號碼的機率（一比一千三百九十八萬三千八百一十六），跟猜中五個號碼（一比五萬五千四百九十二）和猜中四個號碼（一比一千零三十三）的機率並沒有什麼不同，至少沒有存在太大的差異。所以，一切的發展都是可以預料的，但是在平行的數學宇宙裡，「結果」卻不是這樣。它們映射的結果只呈現出自身的軌跡。

我在餐廳裡跟利林菲爾德提出我的看法：其實，他跟紐曼的說法可能都有道理。人格病態可能是一個譜系。但是在有關人格病態的激烈辯論中，似乎發生一些讓人不可思議的事，就像觸動一個開關，讓問題變得複雜。

「我當然認為這是讓這兩種觀點達成一致的一種方法，」他深思地說，「毫無疑問，在許多分布中位於兩個端點者，他們的看法似乎跟其他人大為不同。不過這還要看你的出發點：你是否把人格病態當成一種人格傾向，還是當成一種資訊處理障礙。你是否想處理認知缺陷或氣質變異。另外，你還可以從語言學的角度去看，所用的術語包括：障礙、缺陷、傾向、變異……也許聽聽紐曼怎麼說也蠻有趣的，你問過他嗎？」

我沒有問過紐曼。但不久後，我便找到機會問他。「有沒有這種可能，」我問他，「假設這種事確實存在，從神經學的觀點來說，你得到的人格病態譜系愈長，就愈可能看到漸進變化發生？比方說，腦部注意機制或獎勵系統的不同，一個人人格病態愈嚴重，他們的關注焦點就愈像雷射光那般精準，也越傾向於獲得立即的滿足？雖然《病態人格量表》和《病態人格檢測表修訂版》中的表現可能呈現直線型，但這只是證實大腦低階活動的一種方式，尤其是在前兩種評量的得分非常高時，情況會不會就大不相同？事實上，在評量得分高時，有沒有可能出現指數變化？」

紐曼把眼睛瞇起來，這位足智多謀的精神病學專家可沒心情開玩笑。「當然，」他說，「這是有可能的。但是人格病態在臨床上（病態人格檢測表修訂版）的界線是三十分，而且在實驗室中，不知是巧合還是其他緣故，那個分數也是大多數實證引發低階層次認知問題的臨界點。」

紐曼一邊微笑一邊幫自己倒些咖啡。「無論如何，」他說，「你用什麼方式去看都沒有太大關係。每位臨床人格病態者都是一個獨特的樣本。不管用哪種方式去看，他們都不一樣，不是嗎？」

第三章

鐵石心腸

我哺乳過嬰兒，瞭解母親是怎樣憐愛吸吮她乳汁的子女；可是，要是我跟你一樣，發過誓下這樣的毒手，我也能夠在嬰兒對我微笑時，把我的乳頭從他無牙的嫩嘴裡抽出來，把他摔得腦漿四溢。

——馬克白夫人（Lady Macbeth）

魔鬼與蔚藍深海

一八四一年三月十三日，「威廉．布朗號」（William Brown）從英國利物浦啟航前往美國費城。經過五週的航行後，這艘船在四月十九日晚上，在距離加拿大紐芬蘭二百五十英里的海面上撞上冰山，船艙迅速下沉。三十多名身穿睡衣的乘客和船員擠上一條原本只能搭載七個人的長型木船。風暴漸漸逼近，大西洋上風雨交加，大副法蘭西斯．羅茲（Francis Rhodes）清楚知道，大家要想活命，就必須減輕長型木船的載重量。船長喬治．哈里斯（George L. Harris）也這麼想，這時他跟一群人擠在另一艘小艇上，但他心裡暗自祈禱並另有打算。

「我知道到時候你必須怎麼做，」他跟羅茲透露，「但現在還不能說，那是逼不得已時的最後手段。」隔天早上，船長搭乘的那艘小艇駛向新斯科細亞，撇下這艘危在旦夕的木船，任其自生自滅。

在四月二十日那天晚上，浪愈來愈大，情況更加惡化。木船船身出現裂縫，儘管大家拼命舀水，還是無法阻止海水湧進船裡。晚上十點時，羅茲做出一個重大決定：必須犧牲一些人，讓其他人活下來。羅茲認為這樣做很合理，並沒有對那些犧牲的人不公平，反正他們遲早都會死。但是如果他不採取任何行動，那他就會對不起那些自己本來可以挽救的性命。

當然，並不是所有人都同意羅茲的決定，這一點並不令人意外。反對者認為，如果不採取任何行動，大家都會溺死，那麼誰也不需要對別人的死亡負責。相較之下，他們認為哪怕只是犧牲一個人來換取其他人活命，這樣做都算是一種謀殺行為。而且，凡殺過人，就很可能再殺其他人，就可能犯下更無法饒恕的罪惡。

羅茲面對指責，不為所動。他反駁說，只有讓船漂浮在海上，他們才有存活的希望，而且根本不可能光靠划槳保住大家的性命，一定要犧牲一些人。「上帝啊，保佑我吧！我們動手吧！」羅茲和船員亞歷山大・霍姆斯（Alexander Holmes）一邊喊，一邊將人扔進波濤洶湧又漆黑一片的北大西洋裡。起初，其他水手站著不動，羅茲對著他們大喊：「兄弟們！動手吧，否則我們全都會沒命！」

愈來愈多的人被扔進海裡。十四名男乘客，包括兩名躲起來之後被找到的都犧牲性命。最後剩下一名男孩，兩名已婚男子和僅有的兩名女乘客，這對姊妹的一名兄弟也被扔進海裡，她們也想跟著跳進海裡。

最後，這些人都獲救了，一艘開往勒阿弗爾的拖網漁船把他們救起來，他們終於抵達費城，並向美國地方檢查官提出上訴。一八四二年四月十三日，也就是這些人在冰冷大西洋上死裡逃生的一年後，一等水兵霍姆斯被控謀殺並接受審判。他是在費城被找到的唯一一位船員，也是唯一一位因為海上「謀殺」被起訴的人。

如果你是陪審團的一員，你會怎樣看待這個案子？

回答問題前，先告訴你為什麼我這樣問。幾年前，我跟四十名男大學生提出這個問題。其中二十名《病態人格量表》的分數較高，另外二十名在這方面的分數較低。我給每個人三分鐘時間仔細思考這個問題，然後請他們寫下答案，以匿名方式放進信封密封起來。我想利用這個實驗知道，《病態人格量表》的分數差異，是否會影響人們的決定。我很快就有所發現。

在《病態人格量表》得分較低的二十名大學男生中，只有一名學生在規定時間內做出裁定，其他人都還慎重考慮。而《病態人格量表》分數較高的二十名大學男生，情況截然不同。他們無一例外，都在規定時間內做出裁定，而且結果全都一致認為：霍姆斯應該無罪釋放。

跳脫團體迷思

如果你正設法讓自己的行為符合主流道德規範，那你大可放心，顯然你沒有精神病。一八四二年四月二十三日，也就是審判首次開庭十天後，陪審員花了長達十六小時的時間，才做出最終判決，這個時間幾乎跟霍姆斯當年在海上經歷這場磨難的時間一樣。在那種心理壓力下，霍姆斯行為是對是錯，實在難以用道德評斷。最後，陪審團判定霍姆斯過失殺人，而非蓄意謀殺，法官象徵性地判處霍姆斯六個月徒刑，以及二十美元的罰金[1]。

相較之下，二〇〇七年《每日電訊報》（*Daily Telegraph*）的這篇報導，情況卻截然不同：

一名高階警官今天表示，其下屬兩名社區服務警察未出面救援溺水的十歲男童，導致男童死亡，原因是他們沒有「受過相關訓練」。十歲男童喬登．里昂為了救自己八歲同母異父的妹妹而不幸遇難時，兩名警察就站事發地點不遠的池塘邊。兩名六十多歲漁民及時

1 霍姆斯這個案子的裁決認定，水手有保護乘客的職責，要把乘客的性命看得比自己的性命還重要。而且，這項裁定規定，如果被告在對死者有特別義務的情況下，那麼在謀殺審判時，傳統所說的自衛本能就未必構成充分條件。

跳進水中救起女孩，這兩名警察也趕到現場。但是他們並沒有出面救援，而是等待「受過相關訓練」的警察趕來。今天，在對男童的死亡進行審訊時，男童父母傷心欲絕地要求兩名警察解釋，當時為何不肯多費心救救他們的兒子。男童繼父問道：「……看到小孩溺水時，你不必受過什麼訓練，就知道要趕緊跳進水裡救人啊。」

乍看之下，這個案子和那位能幹水手霍姆斯的案子似乎沒有什麼共同點。事實上，它們看起來更像是兩個對立的案子。那兩名警察根本不管他人死活，而霍姆斯卻為了挽救他人，內心莫名地掙扎。不過更進一步分析就會發現，這兩個案子像到嚇人。舉例來說，問題都出在是否要打破規則。在男童溺斃事件中，社區服務警察被職業守則束縛而不知所措。他們認為必須依照規定辦事。他們就像會表演的海豹，被訓練到喪失本能，甚至被訓練到失去變通能力。而在「威廉．布朗號」悲劇中，「規則」隱藏得更深，發揮更大的作用，也更具體展現人們的「道德潔癖」。不過或許有人認為（就像有些人強烈指出），這些規則反而對解決當下危機不利。以這兩個案子來看，我們可以這樣說，水手跟警察的處境相同：在人道主義的緊要關頭，被困在道德選擇的十字路口，他們必須不顧後果，毅然決然地迅速採取行動。只不過，有些人在這種時候表現得比別人好，水手跟警察就做出不同的選擇。

然而，這二個悲劇故事也深藏著一個非常奇怪的弔詭思惟，並且對既有道德體系提出質疑。其實，順從是人類和動物的天性，這種天性在演化過程中代代相傳。當一隻群居動物受到掠食者的威脅時，牠會怎麼做？牠會靠近群體，跟同類擠成一團。當個體的特點減少，生存機會就會增加。這種規則在人類社會和其他物種都適用。從史前腥風血雨的蠻荒時代起，演化機制就已深深根植在我們超音速運作的大腦裡。當時在美國亞歷桑那州立大學（Arizona State University）任教的社會心理學家瓦拉達斯．葛瑞斯克維希斯（Vladas Griskevicius）跟同事做過一個實驗，將新近的社交網路跟最早的生物起源聯繫起來。他們發現，網路論壇的用戶感受到威脅時，會顯示出「團結一致」的跡象。大家的意見會趨於相同，這樣更可能跟其他人的態度和觀點達成一致。

但是，有時候情況正好相反：那些擅長打破社會慣例，能夠「跳脫團體迷思」的人，反而才能在緊要關頭救人性命。一九五二年，社會學家威廉．懷特（William H. Whyte）提出「團體迷思」（groupthink）概念，解釋將不同個體緊密團結在一起的群體機制。這種機制讓個體不受外界影響，迅速形成規範，做出「正確」的定位，對外界的批評和反對不為所動，對內部的異議則表現出強烈反感，甚至自信滿滿地認為本身的公正性無懈可擊。

心理學家艾文・賈尼斯（Irving Janis）對這種現象進行許多實證研究，他如此形容這個過程：「當仁不讓，這是一種從現實的角度對審選行動方案進行評估的思維模式。」但這樣未必能做出明智的決策。

「挑戰者號」太空船失事事件就能巧妙詮釋這一點。當時美國國會在強大政治壓力下，為了順利推動並取得大量資金支持太空計畫，還擴大稅收，後來卻因為一連串問題，導致發射日期延誤。然而就在太空船升空前二十四小時，一位合作夥伴針對火箭助推器的O型環提出質疑，美國國家太空總署卻不予處理。雖然大家召開一系列視訊會議，仔細討論，但事後回想還是令人難以理解，既然有這種問題和顧慮，為什麼還決定讓「挑戰者號」發射升空。畢竟，發射太空船才是這項計畫的目標。

結果證明，這項決定引發慘劇。調查顯示，罪魁禍首不只O型環，其中還隱藏著另一個更致命的元凶，也就是一種陳腐又令人窒息的群體心理狀態。當時雷根總統下令成立「羅傑斯委員會（The Rogers Commission）」這個專責工作小組，負責調查此次事件，結果證實當時全世界社會心理學家並未明說的擔憂：美國國家太空總署的組織文化和決策程序，就是導致這場悲劇的元凶。事實清楚地擺在眼前，大家承受達成一致共識的壓力，加上對警告不加以重視，又自認為計畫無懈可擊，最後才會讓這種憾事發生[2]。

那麼，不安逸於社會規範，按照自己的規則做事，這種能力也是人類與生俱來的天性嗎？證據顯示確實如此。演化過程中，勇敢無畏、泰然自若這種少數人已經出現在我們當中。

人格病態的賽局

人格病態的基因如何在演化過程中，占有一個小立足點並被遺傳下來，這是一個相當有趣的問題。如果人格病態這種「障礙」在人類演化過程中適應不良，為什麼人格病態的發生率一直保持穩定，總有一％到二％的人符合人格病態？萊斯特大學（University of Leicester）心理學教授安德魯．科爾曼（Andrew Coleman）對此做出相當有趣的回答。

一九五五年之前沒有任何電影，以《養子不教誰之過》中的同情手法描寫叛逆青年。想當然耳，這部片引起不少批評。不過對賽局理論家來說，電影中有一個場景把其他電影

2 團體迷思的症狀如下：不會受傷害這種感覺讓人過度樂觀，也鼓勵人們承擔風險；不重視對原本假設提出質疑的警訊；對團體道德規範的盲從，導致成員忽視本身行動可能引發的後果；把不同意見領袖的觀點刻板化；有壓力讓大家口徑一致對抗內部異議份子；跟群體共識分歧的構想就遭到拒絕；造成全體一致同意的假象；成員自行擔任心靈守衛者，保護團體不受異議觀點所累。

都比下去：在一次較勁膽量的致命賽局中，由詹姆斯．狄恩飾演的主角吉姆，跟柯利．艾倫（Corey Allen）飾演的不良少年巴茲，分別駕駛偷來的汽車，大膽衝向懸崖。

科爾曼表示，我們要從駕駛的角度想像這個場景。或是我們更熟悉的版本，在二車迎面對撞時，都加速衝向對方。他們每個人都有選擇的機會：是要採取明智的「非人格病態」策略，將車轉向避免撞擊，或是選擇危險的「人格病態」方式，腳踩油門加速前進。不同選擇就有不同的「回報分數」，這也就構成一種經典的模式：「你幫我，我就幫你，否則大家同歸於盡」。我們可以利用賽局理論，為這種情境設計模型（見圖3.1）。

如果吉姆和巴茲都採取明智的選擇將車轉向，結果就是次佳選項，二人都平安無事（三分）。相反地，如果二人都呈現出人格病態，決定開車衝向對方，那麼二人都會有生命危險，就算沒死也會重傷，所以二人得到最差的結果（一分）。

圖 3.1　人格病態演變的賽局理論模型

	（巴茲）非人格病態	（巴茲）人格病態
（吉姆）非人格病態	吉姆得三分	吉姆得二分
	巴茲得三分	巴茲得四分
（吉姆）人格病態	吉姆得四分	吉姆得一分
	巴茲得二分	巴茲得一分

科爾曼解釋，如果其中一名駕駛，假設吉姆比較小心行事決定將車轉向，而巴茲選擇「瘋狂」行徑，這時差異當下立見。吉姆的生存機率降低，他變成膽小鬼，得到的回報分數較低（二分），而巴茲反而比較好運，得到最高分（四分）。

數學世界就是我們跟人格病態者實際接觸的縮影。而且，從生物學的角度來看確實如此：我們在實驗室裡反覆進行這個賽局，利用預先設定的反應策略編寫電腦程式，結果有趣的事情發生了。在以演化論的標準設置結果時，假設獲得更好結果的玩家有更多後代受其影響，採取同樣的策略，最後就會在演化過程中達到一個穩定平衡，也就是他們會表現出祖先的人格病態特徵。其實，這個結果正好反映出現實生活中人格障礙的發病率（一％到二％）。

不管是誰腳踩油門往前衝，在對手是正常人的情況下，這群人最後總會是贏家。有時候，看似「不合理的」行為可能才是真正正確的行為。

二〇一〇年，日本名古屋大學心理學家大平英樹，和他的博士生大隅尚廣證實科爾曼的理論。他們發現在某種特殊情況下，跟大多數人相比，人格病態者做出的財務決策更有成效，科爾曼已經巧妙詮釋箇中原因，人格病態者表現出看似不理性的行為，最後卻占了上風。

大平和大隅為了說明他們的發現，特別設計一個「最後通牒賽局」（ultimatum game），這是神經經濟學（Neuroeconomics）領域廣泛採用的一個範例。廣義地說，神經經濟學主要探討我們評估貨幣和某些收益類型的方式。這種賽局有二位玩家，雙方互動決定他們得到的一筆錢將如何分配。第一位玩家提出一種分配方案，第二位玩家決定是否接受對方的提議。如果第二位玩家不接受提議，兩個人都拿不到這筆錢。如果第二位玩家決定接受，這筆錢就照第一位玩家的提議做分配。

如圖3.2所示，你會發現這場賽局有一些有趣的地方。在這個圖中，第一位玩家提出的分配方案可能公平，也可能不公平。第一位玩家可能提議，以五〇：五〇的比例，或以八〇：二〇的比例分配這筆錢。通常，當分配比例開始接近七〇：三〇這個標準（對第一位玩家有利）時，第二位玩家就會進入拒絕模式[3]。畢竟，這不只是錢的問題，還有原則問題！

大平和大隅發現，人格病態者進行這個賽局的方式截然不同。他們不但更願意接受不公平的分配方案，而且在面臨處罰和自我保護的緊急狀況下，他們也會偏好簡單的經濟效用來選擇分配方案，而且他們更不會因為不公平而煩惱。根據汗腺自然反應測量壓力指數的「膚電反應」（galvanic skin response, GSR）實驗，顯示出人格病態者和正常人之間的差異。跟正常人相比，在對方提出不公平方案時，人格病態者顯然更不容易擔憂，而且這項研究做出推論，人格病態者銀行帳戶裡的錢確實多了起來，是經得起壓力讓他們荷包滿滿。

因此他們做出結論表示，有時成為人格病態者也是有好處的，只不過是用不同的方式解釋。科爾曼的研究則證實，鐵石心腸是有好處的（換句話說，在他的案例中就是放膽衝撞對方）；大平跟大隅的發現卻正好相反，有時吃虧反而占便宜。

如果你需要證實這兩種策略的價值，只要問問住過院的人格病態者就會知道。

3 先前的研究顯示，第一位玩家提議把錢以八〇：二〇或七〇：三〇的比例分配時，被拒絕的機率約為五〇%。

圖 3.2　最後通牒賽局

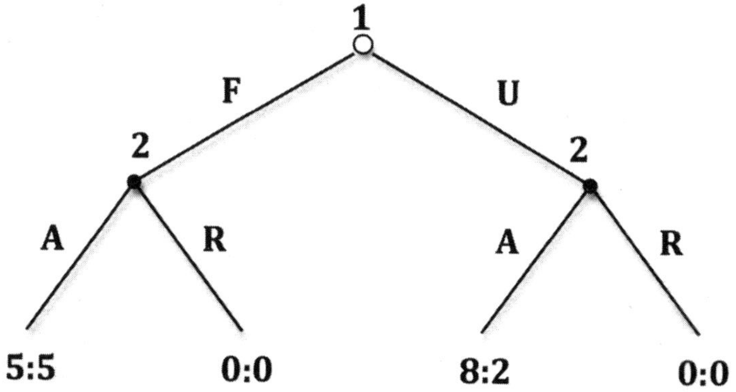

（1 ＝第一位玩家；2 ＝第二位玩家；F ＝公平的分配方案；U ＝不公平的分配方案；A ＝接受分配方案；R ＝拒絕分配方案）

下馬威才是真本事

「就像一道強烈耀眼的閃電，劃過監獄上空，」一名私家偵探這樣描述「洛克幫」，而且不管是在外頭或監獄裡面，幾乎沒有人不認同這種說法。洛克幫就是亞利安兄弟會（Aryan Brotherhood），是美國聯邦監獄中最令人聞風喪膽的幫派之一。根據美國聯邦調查局的數據，美國監獄中有二一%的謀殺案都是他們幹的，雖然他們的成員只占囚犯總數的一%，但是這群人絕對不容忽視。洛克幫的成員都留著海象般的鬍鬚，看起來很像美國拓荒時期的西部人，不像是當今的亡命之徒，幫派的刺青圖案是三葉草和「666」標記。三葉草刺青的每片葉子上，都有「666」圖案。如果你為了向人炫耀，未經洛克幫許可就在身上紋了這個圖案，通常他們會拿刮鬍刀幫你把刺青圖案剃掉。

洛克幫是監獄世界裡的特種部隊，成員各個心狠手辣。一九六四年時，該組織由一群白人至上主義（White supremacy）者在美國加州聖昆丁特級監獄裡創立，其成員人數雖然比其他幫派少得多，但是只經過短短幾個月的肉搏血戰，就一舉竄升為最惡名昭彰的幫派。他們是怎樣做到的？可想而知，比別人機靈點兒當然沒有什麼壞處。

儘管很多幫派成員都被關在安全等級最高的監獄裡，而且經常是二十三個小時單獨監禁，他們還是有辦法透過各種妙招協調行動，比方說：用尿液製成隱形墨水，使用文藝復興時期哲學家培根爵士所發明，四百年歷史之久的二進位密碼系統[4]，這些只是其中的一些例子。

不過，洛克幫相當冷酷無情，到現在還保留一項簡單又邪惡的幫規：「血進，血出」（Blood in, blood out）。「血進」是指每個準成員只有殺死敵對幫派的一名成員，才有資格加入洛克幫，而且必須聽命行事。「血出」意指退出幫派的唯一方法就是，迅速消聲匿跡，否則可能死於各種離奇又冷血至極的手段。

洛克幫成員坦承，這是一項殘忍無比的極簡原則，沒有討價還價的餘地，也不容質疑。「天不怕、地不怕」是他們的準則。他們在人數上的缺陷，用無所畏懼的殘忍來彌補。不用說也知道，這一點在被高度激發的人格病態者中相當常見，殘忍無情剛好讓他們使命必達。

洛克幫的成員善用監獄圖書館閱覽圖書，透過其他非正式途徑弄到一些資料，他們把殺戮當成從監獄「畢業」前的學習單元。他們也跟尼采、馬基維利、托爾金和希特勒一樣，鑽研解剖學，找出人體在突發情況下最容易受傷的部位。在安全等級最高、無法得知

4 即培根密碼（Bacon's cipher）。

確切時間的監獄裡，他們可以只花十秒鐘，就打開一扇窗，就像讓自己進入一個永恆自由的時空隧道。監獄裡犯人之間的打鬥程度，相當於日常生活中十二回合的激烈鬥毆，所以速度就是關鍵，他們眨眼間就能做很多事，像是割斷氣管、割裂頸動脈、刺穿脊髓、刺破脾臟和肝臟。他們知道，一旦機會出現，就要明白該怎麼做，這一點非常重要。

洛克幫前成員巴里跟我說明，在聯邦監獄幽暗的角落裡，潛藏著一個你看不見、無法控制又無法理解的道德裂縫。然而這種策略或許非常適合監獄這種環境，它能滅火而不是引火上身。從長遠來看，這種幫派或許能控制獄中情勢，而不是製造事端。

「在監獄裡，」巴里這樣解釋，「環境惡劣又不友善。這裡有一套生存法則，跟外面世界截然不同。監獄是社會中的社會，如果你不站出來表明自己的立場，隨時有人會找上門。所以你必須做點事，要進入人群，但不必過分投入，因為幾次後就會有人警告你：千萬別惹這些傢伙。我認為防患未然才是上策。把握時機最重要。」

巴里對解決衝突提出的這項觀點很有意思，坐過牢的音樂製作人菲爾・史貝克特（Phil Spector）也認同這種說法。這個攜帶麥格農手槍（Magnum）的怪人用短短幾個字回應：「一槍在手而不用，勝過要用時沒槍在手。」（至於現在他是不是還這樣想，就不得而知了。）西元前六世紀中國軍事戰略家孫子就採取一種更微妙的立場：「不戰而屈人之兵，善之善者也。」這種境界跟我們剛才在吉姆和巴茲的例子中看到的一樣，都很難偽裝，而且顯然是根植於自信，不是虛張聲勢，而是源自信仰的十足自信。

曾是特種部隊隊員、現為武術指導的狄安・彼得森（Dean Peterson）說：「有時，當你處於劣勢，最好的辦法是迎合對方對你的攻擊意圖，然後先逼對方動手。也就是說，就像打撲克牌那樣先刺激對方。一旦你取得心理上的優勢，就給他一點顏色瞧瞧。讓他知道誰才是老大，這樣你才能讓對方臣服。」

要怎樣做才能在挑戰者動手前就使其信服，更穩固地維護你的權威？

巴里的話也有更深層的含意，不僅跟冷酷無情有關，還跟無畏無懼和迷人外表等其他人格病態者特徵有關。由此可知，衝突並非在自然界確立統治地位的唯一方法。早在我們祖先那個時代，當時人們要生存就跟現在監獄生活一樣絕非易事。雖然群體成員之間的關係相當重要，但是群體還是給予大膽挑起事端的冒險者極大的獎勵。

有人發現時至今日，猴群中仍然存在類似的行為。公黑猩猩（跟我們最接近的近親，有九六％的基因與我們相同）透過有利於下屬的舉動，也就是「慷慨」來取勝。這種慷慨主要體現在食物上：牠們承受提供群體食物，自己長期面臨食物匱乏的危險，慷慨分配自己獵食的成果，也把其他成員的獵食成果充公，將食物重新分配給大家。

如同靈長類動物學家法蘭斯・德瓦爾（Frans de Waal）指出：「首領並不是因為取得什麼才脫穎而出，而是因為對群體付出來確立本身的地位。」

值得注意的是，還有一些靈長類動物透過提供「公共服務」或「領導能力」，來跟同類爭奪地位，比方說：促進群體之間的合作，或者我們可以說牠們是透過非凡的領導力、說服力和魅力來取勝。掌握統治地位的黑猩猩、短尾猴和大猩猩都是透過干預下屬之間的爭鬥，來爭奪統治地位。不過跟我們預期不同的是，在一般情況下，這類干預不會偏袒循私親友。如德瓦爾的觀察，它們會「以怎樣才能讓大家相安無事為前提」。

德瓦爾接著說：「因此，群體不是採取分散方式解決衝突，而會在成員當中找出一位最有效的仲裁者，然後全力使其獲得更廣泛的支持，以保障內部和平與秩序。」

冷酷無情、無畏無懼、說服力十足並且富有魅力，這些特徵形成一種致命的組合，但有時候也能救命。如果說在演化過程中，讓現在的殺手透過基因轉殖，逐漸具備以往衝突協調者所擁有的英勇，結果又會怎樣呢？或許這並非不可能，只不過這就意謂著，凡事訴諸暴力可不是什麼新鮮事。

暴力是人類天性

一九七九年，在瑞士蘇黎世大學（University of Zurich）任職的克里斯多夫・佐里科夫（Christoph Zollikofer），跟法國和義大利的一組研究人員合作，得到一項有趣的發現。他們發現一副大約三萬六千年前冰河時期的古歐洲人骨骸，下巴突出、眉骨高聳。這項發現在人類學上具有重大的意義，經過確認，這是尼安德塔人的骨骸。但是這具骨骸的頭蓋骨非常奇怪，在右上方有一條長約四公分的裂痕。在考古發掘過程中，放棄不太理想的樣本，當然不是什麼駭人聽聞的事。事實上，這種事本來就在預料之中的事。但是不知何故，這具骨骸就是有些不尋常。

這條裂縫似乎暗示著謀殺，因為看起來比較不像是地球物理學上出現的衰退變化，反而更像是史前時期發生什麼緊急狀況，這一切就深深埋藏在人類祖先幽暗的過往中。這不是尋常的意外事故，而是一次暴力事件。或者更具體地說，這個傷痕是被帶有鋒利刀片的器具劈或砍出來的。根據對裂痕的位置及形狀等現有狀況做推論，這個頭蓋骨的其他部分看起來既沒有斷裂，也沒有變形。因此，佐里科夫取得一項明確結論：人類從古早開始就相互攻擊，而且時間之久遠，遠超過我們的預期。看來，傷害他人其實是人類天性使然。

佐里科夫還認為，大約四萬多年前，不斷遷徙的尼安德塔人格病態者就在史前歐洲大陸四處遊蕩。這個想法很有意思，但並不令人意外。的確，如同我們在前幾章所見，跟先前提及「基因轉殖」的論調相反，人格病態者在演化中主要體現於人格障礙的掠奪性和攻擊性等方面。在《雷文森自評量表》（*Levenson Self-Report Scale*）中，有下面這種典型的測試項目：

> 「適者生存，我不關心那些失敗者。」請你依據從一到四的等級，對這個表述進行評分，一表示「非常不同意」，四表示「非常同意」。

大多數人格病態者都對這個說法表示強烈贊同，當然這也未必是壞事。

「兩隻老鼠掉進一個鮮奶油桶裡，」李奧納多．狄卡皮歐在電影《神鬼交鋒》裡飾演法蘭克．艾班尼爾，世上最惡名昭彰的騙子之一時這麼說，「第一隻老鼠很快就放棄，後來溺死了。第二隻老鼠不肯放棄，牠拼命掙扎，最後把鮮奶油搗成奶油，終於爬了出來……我就是第二隻老鼠。」[5]

不過在譜系的另一端，我們看到另一種截然不同的告誡，比方說在宗教、靈性和哲學文本中信奉的圭臬，就會提到節制、忍耐和善待地球之類的字眼。

那麼，你是屬於哪一種？是人格病態者、聖人、還是介於二者之間？從機率來說，你很可能是後者，生物學上就有充分依據證實這種說法。

囚徒困境

我們在本章開頭已經看到賽局理論在實際生活中的應用，賽局理論這個應用數學的分支，致力於策略情勢的研究，讓我們在特定選擇或決定的成本與收益並不固定，且處於變動的狀態下，呈現出本質動態的各種情境，並從中選出最理想的行為策略。由於賽局理論本來就強調個體跟廣大社會群體之間的關係，所以我們經常在物競天擇的論述中看這個應用數學分支，這一點並不意外。以這種模式和理論來看，我們便可明白各種不同行為或生活策略是如何演化出來的。萊斯特大學心理學教授科爾曼的研究已經告訴我們，人格病態者的演化也不例外。

5 我沒評量過艾班尼爾的人格病態，但是依據他的行為舉止，他確實展現出人格病態者的許多特質。但是，這不重要，就算我有機會評量他的人格病態，或許他也有辦法巧妙掩飾自己的真實本性，那麼評量結果就沒什麼參考價值。

為了將科爾曼的研究和人格病態者的演化動態做更進一步的研究，我們可以設計一個跟吉姆和巴茲的懸崖困境類似的情景，只是這次讓情景更個人化些。現在，想像你跟一名同夥都被懷疑犯下一起重大罪行，被警察逮捕並審問。

首席調查警官先分別對你們二人進行訊問，但他並沒有足夠證據提出指控，所以他使出千古不變的招術，讓你們起內鬨。他明白地表示，要跟你做個交易。如果你招供，他就拿供詞做為起訴你同夥的證據，並判刑十年。他會取消對你的指控，讓你無罪釋放。這個交易好得令人難以置信？是這樣沒錯，但有一個前提：警官告訴你，他也會跟你的同夥做同樣的交易。

現在，警官讓你自己好好考慮這項交易，可是這時你突然想到一個問題，你問道：「如果兩人都招供了，那會怎樣？我們都要坐十年牢嗎？還是無罪釋放？」警官笑著回答：「如果你們都招供，他會把你們兩人都送進監獄，不過你們都能減刑五年。」你再問：「要是我們都不招供呢？」警官說：「你們還是要吃牢飯，不過只會關一年」（見圖3.3）。

這位警官很狡猾，試想，其實你根本無法拒絕他的提議。這結果再清楚不過，不管你的同夥怎麼選擇，對你來說，招供才是上策。如果你的同夥保持沉默，你也不招供，你就可能坐一年牢，或者你招供，讓自己無罪釋放。同樣地，如果你的同夥決定招供，而你堅持不招供，你就會坐整整十年牢；或者你也招供，你們的刑期都能減半。可想而知，你們二人所處的困境矛盾至極。從邏輯上來說，招供是尋求自我保護的唯一合理做法。就是這個邏輯讓你們束手無策，全都喪失保持沉默讓彼此取得最短刑期的機會。

值得注意的是，這裡的討論並不涉及正直這個問題，也就是為了「正義」，而不透漏口風這種事並不存在。這裡的道德價值很模糊，只能考慮自己是否可能會被利用。囚徒困境的目的就是為了拋棄道德框架，是一個零道德壓力下的心理真空狀態，讓哲學思考全權負責，確定最適當的行為策略……就跟構成自然界的生存法則一樣。

那麼人格病態者的做法正確嗎？情況真的是適者生存嗎？看來，這個策略是合乎邏輯的。在囚徒困境這種一次性的偶遇中，你或許認為採取自相殘殺（或以官方術語來說就是背叛策略）就能搶得先機。既然如此，何不放手去做？

原因很簡單，生活何其錯綜複雜，不是只發生一次那種狀況。

圖 3.3　囚徒困境

	同夥沒有招供	同夥招供
你沒有招供	同夥坐牢一年 你坐牢一年	同夥獲得自由 你坐牢十年
你招供	同夥坐牢十年 你獲得自由	同夥坐牢五年 你坐牢五年

如果生活真是那樣，那麼人類存在的本質就像無數船隻接連不斷在黑夜裡穿梭。若是那樣，人格病態者的做法就是正確的，他們很快就會統治地球。但事實並非如此，日後也不會如此。相反地，生活這面螢幕上充滿成千上萬、密密麻麻的個別像素點，彼此相互交織構成更大的圖景，我們共同構成社會的歷史。跟囚徒困境中的角色不同的是，我們能夠互相溝通。這一點小小的不同會造成多大的差異啊！如同我們能進行一次囚徒困境，我們就能重複進行下去。利用獎勵制度中的分數輸贏來代替刑期（見圖3.4），再藉由一些簡單的數學運算，也就是跟吉姆和巴茲故事中同樣的方法，我們就能模擬出更複雜的現實生活。

這樣一來，情況會變成怎樣？如果不斷循環重複，人格病態者能做得更好嗎？或者他們的策略會被「人多勢眾」這個簡單的道理給打敗？

圖 3.4　囚徒困境賽局範例

	同夥採取合作方式	同夥採取競爭方式
你採取合作方式	同夥得五分 你得五分	同夥得十分 你得零分
你採取競爭方式	同夥得零分 你得十分	同夥得一分 你得一分

好人與小人，誰能統治世界

要回答這個問題，我們先想像有一個社會，跟我們目前所處的社會稍有不同：這個社會就像過去的西方社會，每個週末老闆會把每個工人當週的工資，放進棕色信封裡發放給大家。現在，想像一下，我們可以把這些工人分成二種不同類型。第一種人誠實勤奮，整個星期都專心工作，我們把這群人稱為好人。另一種人不但不誠實、懶惰，還會在週五搶劫回家途中的同事，或是在工廠大門外面守候襲擊同事，把對方一週辛勞所得占為己有，我們稱為小人。

起初，小人似乎得手了：至少在短期內，他們的惡行獲得回報。好人打卡上班，維持群體運作，小人卻得到雙重的好處。他們不僅充分享受繁榮社會的悠閒生活，搶劫同事的工資還讓他們不勞而獲。你做得到的話，這種工作似乎也挺不錯的。但是請注意，要是這種行為模式一直持續下去，會發生什麼事。好人開始累倒，由於可自由支配的收入減少，不足以把自己照顧好，好人開始慢慢凋零。然後，「勞動」人口的比例逐漸改變，小人占的比例越來越大。

這當然不是小人希望看到的景象。但是一週週過去，小人搶劫小人的可能性越來越高。而且，就算小人逮到好人下手，也很可能一無所獲，因為其他小人可能早一步下手了。如果這個賽局一直玩下去，整個平衡狀態就會繞個圈子回到最初，鐘擺又擺到有利好人這邊，社會也會恢復到以工作維生的狀態。但是請注意，歷史是不斷重演的，只有在經濟衰退時，好人才會起決定性作用。只要好人能讓小人生活過得去，小人也會努力穩住局面。繁榮與衰退交替循環，就像不停旋轉的木馬。

退一步說，對這兩種截然不同職業道德的簡短概述，是將極為複雜的一組動態過程加以簡化。然而，正是這種簡化，這種行為的兩極化，讓它具有力量。在社會分工精細而各行各業互相依存的複雜社會結構中，完全無條件的暴力行為和妥協行為都注定會失敗。以本質上來說，在不斷變化的拉鋸效應（see-saw effect）中，一旦一方占上風，那麼每一種策略都很容易被另一方利用，只要其支持者壯大到足以依靠競爭策略生存下去。借用社會生物學的詞彙來說：所謂生存策略，不論是無條件的合作或競爭，都不能被當成演化穩定（evolutionarily stable）模式[6]，它們都可能因為相應對策或突襲而失敗。

但是，我們真的有辦法觀察這種反覆過程的實際運作嗎？也就是能讓囚徒困境的動態演變呈現出來嗎？畢竟，我們在此討論的這一切都屬於思想實驗的範疇。這些抽象觀察會出現在我們現實生活中嗎？答案就要看我們如何理解「現實」。如果我們做好準備，把「虛擬」也納入「現實」，那麼我們或許很幸運。

一報還一報之必要

假設我要進行一個實驗，瞭解人們對突發狀況的反應：我讓你有機會賺一千英鎊，但你必須脫光衣服，一絲不掛走進酒吧，在桌旁坐下，跟一群朋友聚會，然後跟他們聊天五分鐘（也就是說一分鐘可以賺二百英鎊）。在這段時間內，你會感受到社交尷尬帶來的所有壓力，也一定會痛苦萬分。但是五分鐘後，你就可以毫髮無傷地離開酒吧。而且我保證，不論是你，還是在場的任何人，都不會記得這件事。我會把一切記憶抹去。除了你口袋裡多了一疊新鈔，可以隨心所欲地消費外，其他就像什麼事都沒發生過。

你願意嗎？事實上，你怎麼知道你以前沒做過這種事呢？

我確信，有些人一定會以科技進步為由，開心地寬衣解帶大賺一筆。如果在某個時間、某個地點，我們能以某種特定方式像過客那樣，進出一個密閉的世界，我們在那裡

6 「演化穩定」一詞由薩塞克斯大學演化研究中心約翰・史密斯（John Maynard Smith）率先提出。

體驗一切，並且依照停留的小時付費，那會多麼自由自在啊！而這正是電影《駭客任務》的主題：人類棲居在一個虛擬世界裡，這個虛擬世界有時真實得讓人不得不信以為真。但是如果情況相反呢？如果電腦製作的虛擬世界棲居在人類世界裡，又是什麼情況呢？

一九七〇年代末期，美國政治學家羅伯特·阿克塞羅德（Robert Axelrod）提出這個跟囚徒困境有關的問題，後來他還找到一個方法，把這種模式數位化，並決定一種隨著時間演變重複互動又符合演化穩定所有條件的一種策略。他把日常生活中的社會交換，排列出基因的優先序列。

首先，阿克塞羅德向一些世界頂尖賽局理論學家，請教舉辦囚徒困境錦標賽的意見，這項錦標賽的唯一參賽者就是電腦程式。然後，他要求每位理論學家送交一支程式參賽，當中包括一套針對合作和競爭預先設定的反應策略。阿克塞羅德收到所有參賽程式後（總計十四支程式），在比賽主要活動開始前，先進行賽前賽，讓每支程式都分別跟其他程式互相競爭並爭取得分。在賽前賽結束時，他將每支程式累計的分數相加，然後開始進行錦標賽。程式的比例數值代表在前一回合中的累計得分，這一點正好符合物競天擇中的限制。然後他坐下來，觀察接下來會發生什麼事。

阿克塞羅德觀察到的結果相當明確。到目前為止，最成功的程式最簡單不過。「一報還一報」（TIT FOR TAT）程式是由俄羅斯出生的數學家暨生物學家安納托・拉波波特（Anatol Rapoport）設計，事實證明他在社會互動和系統論方面的開創性研究，無論是在實驗室裡，還是在政治舞台上，都被廣泛應用於衝突解決和裁減軍備等方面。「一報還一報」程式一開始是採取合作策略，並準確回應對手最近的反應。舉例來說，如果第一回合對手也採取合作策略，那麼「一報還一報」的策略就會持續下去。相反地，如果對手程式展開競爭，那麼在後續回合裡，對手程式就會自食其果……直到改採合作策略。

「一報還一報」程式的完美實用性和精準順應性，很快就突顯出來。凡人都能看出這項程式為什麼能勝出。在不像人腦那樣具備神經細胞和突觸的情況下，這支沒有靈魂的程式竟然具備跟我們人類一樣，有感恩、憤怒和寬恕等基本特性。這支程式獎勵合作，一開始先採取合作策略，若對方也合作，最後整個群體就能因此受惠。如果對方採取競爭策略，這支程式就會馬上加以制裁，以免讓對方覺得自己好欺負。但是在這種激烈競爭後，這支程式又能不帶指責，回復到你幫我，我就幫你的情況，讓可能造成持久破壞性的競爭胎死腹中。這跟演化論老生常談的群體選擇（個體會保存對群體有利的特性）沒有關係。如果說阿克塞羅德的實驗有告訴我們什麼，那就是：利他主義雖然是構成群體凝聚力的基本要素，卻很有可能引起一些更高層次的差異，不是因為對整個種族或部落有利與否，而是因為個體之間還是存在生存差異。

由此可知，宏觀的和諧和微觀的個人主義就是演化這枚硬幣的兩面。「施比受更有福」這種迷思已經過時，付出並沒有比接受更好。事實上，根據阿克塞羅德的社會資訊學新準則，付出就是接受。而且，也沒有什麼已知的「良策」，能拉抬「施比受更有福」的說法。跟之前提到好人和小人的例子不同的是，一旦拉鋸效應中為數較多的一方取得一定的優勢，就會出現一個「臨界點」，「一報還一報」策略就會不斷持續下去。隨著時間演變，這種策略還能將所有競爭策略永遠剔除掉。「一報還一報」不只是贏家，獲勝只是第一步，一旦繼續下去就會無所匹敵。

魚與熊掌兼得

阿克塞羅德的研究當然引發一些爭議，不只生物學界這樣，連哲學界也如此。如果「善」是自然之道，是實現社會互動的必備條件，那麼善也就是正邪世界之間的一個棋子。要是我們所說的「善」並不是出於良善，只是出於本性，那又會怎樣呢？

這種令人厭惡的理論早就出現。大概在阿克塞羅德進行研究的十年前，美國哈佛大學年輕生物學家羅伯特・崔弗斯（Robert Trivers）就洞燭機先地推測，或許正是因為這個原因，人類的某些特徵在演化時取得優勢：當意識對於這樣簡單巧妙的藍圖，取得情感上的肯定，那麼「一報還一報」這種簡潔的數學頌歌，就會代代相傳下去。毫無疑問，在我們對「一報還一報」深入瞭解前，它不過是低等動物之間所用的生存法則。崔弗斯若有所思地說，或許正是這個原因，讓我們在漫長的演化過程中，第一次感受到友誼和敵意、喜愛和討厭、信任和背叛，也讓我們在數百萬年後變成現在這樣。

十七世紀英國哲學家托馬斯・霍布斯（Thomas Hobbles）幾乎已經證實這一點。他在《利維坦》（*Leviathan*）一書中，以先見之明提出「暴力和欺詐」，是造成這種結果最基本的唯一起因。而能解決「持續的恐懼和暴力致死的危險，以及生活孤苦窮困、險惡殘忍」的唯一鎮痛劑就是：「協同一致」這個庇護所。也就是說，要跟其他人團結起來。

阿克塞羅德的電腦程式錦標賽，確實反映出人類及其存在以前的演化過程。「個體」（電腦程式）經過幾十回合有規律的交互作用，這種情形就跟早期人類社群經歷的狀況一樣。同樣地，每支程式都被賦予這種能力：不僅要記住先前的遭遇，還要依此調整本身的行為。所以，這種道德演化的理論很有意思。其實，情況還不只這樣。阿克塞羅德進行的電腦程式錦標賽，其結果還存在一個非常大的可能性：「適者生存」並不像以前人們認為的那樣，是不分青紅皂白地鼓勵競爭，它其實是有選擇性的。沒錯，在某些情況下，這樣確實可能敞開侵犯行為的大門（吉姆和巴茲即為此例）。但是相較之下，在其他情況卻更可能關上這扇大門，就像我們在好人與小人的例子中所看到的情況。

現在看來，關於人格病態者的說法只對了一半。殘酷無情確實存在，有時這正是「適者生存」這個法則的真實寫照，但這並不表示唯有那樣做才能存活。事實證明，儘管自古以來殺戮事件不斷，但是溫順的一方最後才是地球的主人。兩千多年前，孔子就教導我們：「己所不欲，勿施於人。」現在，多虧阿克塞羅德和拉波波特，我們最後終於用數學證實這一點。

當然，我們每個人都有一些人格病態特徵，只是這些特徵被潛藏起來，不像愛與和平這類良善特質那樣明顯。因為多年來，造物主透過物競天擇賦予人格病態者一個演化庇護所。當然，依照達爾文的演化論，好人跟小人的道德品性可能都一成不變：如果每個人不講道德，最後人類也無法存活。但是同樣地，在我們日常生活中，有時我們都需要加強道德感；有時基於自我保護，我們都要合理合法地「果斷行動」。

我們再來回顧一下阿克塞羅德的電腦程式錦標賽。在殘忍無情又無休無止的演化過程中，「一報還一報」能拔得頭籌的原因是，在微笑的外表下潛藏著鐵石心腸。在情況需要時，絕對能毫不遲疑地給對方好看。但是實際情況正好相反，反而是一有機會就把分數拉平。「一報還一報」的奏效祕訣在於，同樣重視冷酷無情的黑暗面和原本秉持的光明面：一旦情況惡化，就能迅速行動，融合這兩種特質的優點，讓魚與熊掌兼得。

這種結論很清楚，但也可能令人不安。在「一報還一報」這個成功藍圖中，當然包括人格病態的要素。這種人表面上魅力十足，卻能翻臉不認人，進行無情報復，之後還能自信十足，泰然自若，好像什麼事都沒發生過。我們可以看出，「一報還一報」這種程式中沒有洛克幫的特點，但是在這種互相轉換和無靈魂的突觸反應中，貪婪卻伺機而動。口蜜腹劍，就是這種情況的真實寫照。如果你想在虛擬世界和現實世界裡繼續生存下去，這倒是個好忠告。回到我們先前提到的問題，這就是為什麼人格病態者依然存在地球上，沒有在淘汰不適合基因的演化洪流中銷聲匿跡的原因。

社會永遠需要冒險家，也需要有人膽敢打破常規和鐵石心腸。如果沒有他們，十歲男孩掉進池塘溺斃的事就時有所聞。誰知道海上的情況又會怎樣？我們不禁懷疑，在一八四一年那個致命的夜晚，在離紐芬蘭二百五十英哩、狂風巨浪的北大西洋冰冷海面上，如果大副羅茲和船員霍姆斯沒有鼓起勇氣做出那麼不可思議的事，「威廉．布朗號」會不會有人生還。

第四章

瘋子的智慧

我只是不在乎，並不表示我不懂。

——荷馬．辛普森
《辛普森家庭》中的父親角色

我的人格病態好友

我從小到大最要好的朋友就是人格病態者，我們是在托兒所認識的。我記得當時有一位老師帶我到沙堆旁，跟我介紹這位胖嘟嘟的金髮小子，當時他正在玩一種智力遊戲玩具，就是把特定形狀的物體插進對應的洞裡。我隨手抓起一個星形物，用力往洞裡塞，卻怎樣也塞不進去，更糟的是它還卡住了。現在我才明白，那個洞應該是放鸚鵡形狀的物件。但是，當時才五歲的強尼大概只花二十秒就輕鬆搞定。然後，他這混蛋竟然用手指戳我的眼睛。坦白說，對於當時年紀那麼小的我來說，這種十足孩子氣的攻擊行為並沒有讓我生氣，反而為我們的友誼揭開序幕。

十年後，我和強尼上同一所中學。有天下課時，他走到我旁邊問我，能不能把歷史報告借他，他把報告放在家裡忘記帶，但是下一堂就是歷史課。「別擔心，」強尼說，「我一定讓老師看不出來，我會把報告寫得完全不一樣。」

於是我便把報告遞給他。但上課前，我趕忙抓住他，低聲說，「強尼，把報告還給我。」

強尼搖搖頭說：「不好意思，我沒辦法。」

我開始慌張，這位歷史老師可不是好惹的，沒有報告就表示沒有成績，而且還要留校罰寫。

「『沒辦法』是什麼意思？」我噓他，「我的報告在哪裡？」

強尼一派輕鬆，好像在講睡前故事一樣，但他還是說漏嘴。「好吧，凱文，事情是這樣，」他解釋說，「你知道，我剛就說過，我沒時間重寫一遍。所以，我就從頭到尾照抄一遍。」

「可是，」我開始尖叫，「你那樣說也沒解釋我的報告究竟在哪兒啊？」這時歷史老師大步走進教室，他可是同學眼中出了名的難纏人物。

強尼看著我，好像我徹底精神錯亂。「可是我們倆總不能交一樣的報告，不是嗎？」他說。

「廢話！」我生氣地大叫，我顯然還沒搞清楚狀況，「當然不能！我的報告究竟在哪裡？」

強尼聳聳肩，把「他的」報告拿出來，等著被老師收走。

「在垃圾桶裡，」他若無其事地說，「音樂大樓後面。」

我本能地從椅子上跳起來，或許在上課前我還有時間把報告拿回來。

「你這個混蛋，」我低聲罵道，「我一定會給你好看！」

強尼一把抓住我的手，扯住我的袖子把我拉回來。「你看看，」他指著窗外，帶著關心的語氣說，「外面正在下大雨，你會淋成落湯雞。你不想因為突然生病，錯過下週全校賽跑一英哩破記錄的大好機會吧？」

強尼的語氣不帶嘲諷，我認識他那麼久，我知道他以為自己那樣說是真心為我好。在這種情況下，雖然我氣到不行，但我還是認同他。這混蛋說得對，那個記錄從一九六〇年代初期保留至今。我的訓練進行相當順利，若在最後一刻做出蠢事，讓長久辛勤努力毀於一旦，肯定會遺憾。

我坐回座位上，現在一切只能聽天由命了。

「好傢伙，」強尼說，「畢竟，那不過是一份報告，人生苦短啊。」

我沒聽他碎唸，我絞盡腦汁想編出一個合理的藉口，解釋自己為什麼沒交報告。我心想，如果大雨沒把報告弄濕，那我可以把報告烘乾，不行的話，我可以把報告重抄一遍，等一下再交給老師。

我沒有很多時間編造藉口。「死神」已經開始巡視，現在他已經走到前幾排座位，最緊要的關頭分秒逼近。

強尼雙手捧著報告交給老師，還帶著欣賞的表情看著手中的報告，然後他拍拍我的背，看一下窗外的雨並皺起眉頭。

「還有，」他補充說，「凱文，反正你已經來不及了。我想我應該把剛才的話說清楚些。報告確實是在垃圾桶裡，只不過剩下的是灰燼，因為我把報告燒了，兄弟。」

你可能很好奇，這麼多年來，我幹嘛還繼續跟強尼做朋友。有時，我也會這樣問自己。但是大家別忘了，強尼是個人格病態者[1]。如同我們所知，這種人有一個優點，他們不管遇到什麼情況，幾乎都能讓自己處於優勢。在跟強尼同樣擁有高智商的人群中，這一點並沒有什麼稀奇。但他是我認識的人當中，最有說服力的那群，他就跟世界頂尖騙子一樣，有辦法讓人言聽計從。不只這樣，他還是說服力十足的天才。

話說在我跟強尼在五、六歲時，強尼的家人必須前往加拿大參加葬禮，所以把強尼留在我家過新年。晚上九點時，我爸媽跟我們說：「該上床睡覺了。」但我跟所有自尊心強的六歲小孩一樣，並沒有聽話去睡覺。

---

1 上大學以後，我讓強尼進行《病態人格量表》測試，如同前文所述，由利林菲爾德和安德魯斯設計的這份問卷，是用於評估普羅大眾的人格病態屬性。不出所料，強尼的分數很高，尤其是在不擇手段地以自我為中心、無憂無慮無計畫性、社會效能、對壓力的免疫力、無畏和無情等方面的得分特別高（也就是構成問卷八個小項中的六項，另外兩項是推卸責任和魯莽衝動）。

「不要，媽媽，」我哀求地說，「我跟強尼還不想睡覺，我們想玩到半夜，拜託！」

媽媽顯然不甩我。但我可不管，我還是找各種理由讓自己脫困，包括跟媽媽說，我們的朋友都可以在除夕晚上玩到很晚，還跟媽媽哀求每年只有一次新年。然而，強尼卻不發一語。回想起來，他當時就坐在那裡看好戲。他專心聽我們說些什麼，就像一些頂尖辯護律師耐心等待反擊機會。

最後，我媽受夠了。「快點兒！」她說，「就這樣了！你自己知道每次太晚睡，隔天就會發脾氣，賴床賴到中午。」

我很不甘心又覺得沮喪，最後打算放棄。我看了強尼一眼，遊戲結束了，該說晚安了。可是，誰都沒想到接下來會發生這種事。就在我打算放棄，準備上樓睡覺時，正是扳回一城的大好時機，這時強尼突然打破沉默。

「達頓媽媽，」他說，「您不希望明天我們一大早就起床四處亂跑亂叫，讓您躺在床上傷腦筋吧？」

後來，那天晚上我們一直玩到凌晨三點才上床睡覺。

「黑暗三性格」和詹姆斯・龐德

強尼在生活每個轉折點都有辦法，讓自己不論在什麼處境下能善用情勢，最後處於有利的一方。後來，他順利進入情報機構工作。

「凱文，出人頭地的不只是能人志士，」他說，「卑賤的人也行，你知道嗎？我兩者都是，好人或壞蛋就看我喜歡哪個。」要從強尼如此出眾的精闢見解中挑毛病可真不容易。

後來，強尼在英國軍情五處（MI5）[2]——類似美國聯邦調查局——找到一份工作，我們當然一點也不意外。而且從各方面來說，不管強尼在泰晤士大樓[3]裡面做什麼工作，他一定都能勝任。在某次聚會上，強尼的一位同事就跟我說，強尼冷靜、魅力非凡，而且說服力十足，就算他用電話線套在你的脖子上，你還是會被他迷得神魂顛倒，任其擺佈。

「他會用魅力掐死你，然後把一切恢復原狀，好像什麼事都沒發生過。」那傢伙這麼說。這一點我十分清楚。

2 原名為英國安全局（Security Service），是英國的情報及國家安全機關。

3 軍情五處總部，位於倫敦。

講到這裡，可能讓你想起鼎鼎大名的詹姆斯・龐德，這可不是巧合。我們不難想像，這位在女王陛下情報部門裡任職的知名探員，可能也是人格病態者。在四周都是密探、反偵察員和間諜的黑暗世界裡，他隨時可能跟來自世界各地作風低調神祕的連環殺手正面交鋒，他獲得授權可以除掉任何妨礙他行動的人。如果我們讓喜歡拿著華特手槍（**Walther PPK**）的探員龐德進行《病態人格量表》測驗，他的分數可能相當高。但是，這種推測有什麼依據呢？相信刻板的推測是一回事，看到想像在現實世界中成真又是另一回事。強尼也是人格病態者，剛好又在軍情單位工作，這難道純屬巧合嗎？

二〇一〇年，當時在美國新墨西哥州立大學任教的心理學家彼得・喬納森（Peter Jonason），跟同事共同發表一篇名為〈詹姆斯・龐德何許人也？間諜社交風格中的「黑暗三性格」〉（*Who Is James Bond? The Dark Triad as an Agentic Social Style*）的論文。當中提出具有下列三種特別人格特質的男人，能在某種社會階層中如魚得水：高度自信、自戀；人格病態式的無畏、冷酷、衝動和尋求刺激；為達目的不擇手段的欺詐和利用。不僅如此，這種人跟表現較差的男人相比，他們可能擁有更多性伴侶，有過更多萍水相逢的風流韻事。他堅信，「黑暗三性格」在處理性關係時不但沒有障礙，反而更可能讓女性怦然心動，因此提高基因繁殖的可能性，其實這代表的就是一種成功的繁衍策略。

只要很快看一眼小報標題和八卦專欄，就會讓你以為這個理論或許站得住腳。事實上，這種說法很可信。不過根據喬納森表示，龐德就是最佳詮釋之一。「他確實自大到令人討厭，又十分外向，喜歡嘗試新事物，」喬納森這麼說，「包括殺人和不斷尋求新的異性關係。」

喬納森找來二百名大學生進行研究，請他們填寫特別為評量「黑暗三性格」特徵而設計的人格問卷。這些學生也被問到對兩性關係，包括對逢場作戲和一夜情的態度。結果，跟得分較低者相比，那些在「黑暗三性格」方面得分較高者通常性行為更頻繁、性伴侶更多。這表示自戀、人格病態和為達目的不擇手段這三種人格要素，加速凡事都想當老大那種「阿爾法男」[4]（alpha male）的雙流程交配策略，目的就是把本身的生殖潛能最大化：

- 盡可能讓更多女性懷孕；
- 在有人喊你爸爸前逃之夭夭。

4 指在群體裡最有風采，最具特色的強勢人物。

多年來，這種策略似乎進展得相當順利。不然的話，像喬納森說的，為什麼我們到處都看得見有這些特徵的人呢[5]？

人格病態成功學

有趣的是，人格病態者不只在生殖能力上表現突出，在某些方面的表現也優於常人。像喬納森這類演化心理學家的研究結果[6]，支持前幾章提及科爾曼這些賽局理論家的主張。換句話說，人格病態者在生活其他領域也受惠良多。人格病態策略不只讓他們的性生活更多彩多姿，也讓他們在企業董事會裡如魚得水。

二〇〇五年時，美國史丹佛大學、卡內基梅隆大學和愛荷華大學的心理學家和神經經濟學家共同組成的研究團隊，就巧妙證實這項說法。這項研究由一個二十回合的賭博遊戲組成。參賽者被分為下列三組：正常人；腦部情緒相關區域（杏仁核、眼窩前額葉皮質、右島葉和主要體覺皮質）受損病患；腦部非情緒相關區域受損病患。研究人員分發給每位參與者二十美元，每一回合遊戲開始時，讓參賽者準備好以一美元做賭注，並利用丟硬幣這種方式來決定輸贏。輸了罰一美元，贏了拿回二・五美元。

大家不難看出怎樣才能贏錢。「以邏輯來說，」史丹佛大學商學院行銷學教授巴巴・希夫（Baba Shiv）說，「參賽者該做的就是，每回合都下注。」

但是，如同美國政治活動家和女權主義者葛洛莉亞・史坦能（Gloria Steinem）所說，邏輯往往只存在於邏輯學家眼中。

如果事實就像賽局理論預測的，有時候只要繼續踩油門就有收穫，那麼人格病態者會踩得更用力。然後依據遊戲進展，那些有人格病態（情緒處理缺陷）的參賽者就能大賺一筆。他們應該比那些沒有人格病態的參賽者表現得更好，即贏過另外兩組參賽者。

這項研究的結果就是如此。隨著遊戲的進行，腦部情緒功能正常的參賽者開始拒絕下賭注，他們漸漸選擇保守替代方案：把已經贏到的錢牢牢抓住。相反地，腦部情緒功能受損的參賽者不像我們大多數人那樣會被情緒緊緊束縛，他們不停下注，直到遊戲結束，最後獲利自然遠比其他人高出許多。

5 雖然喬納森也發現壞女孩更受異性喜愛，但是「黑暗三性格」特質跟短暫戀情數量的關係，男性比女性在這方面的表現更為強烈。當然，壞男孩更能擄獲女孩芳心的原因就另當別論。人格病態跟神經質和焦慮的缺失有關，或許就是因為這類缺失，把因為拒絕而產生的恐懼給抵銷掉，投射出一種控制的氛圍。自戀跟自我推銷和炫耀自身成功有關，而為達目的不擇手段則跟社交中的操縱有關。在短期內，這三種特質巧妙結合在一起，給人一種冷靜、自信又魅力十足的印象，讓人覺得這個人很好相處也「很有作為」。然而，長久下來，情況通常不是這樣。

6 演化心理學家試圖將人類的特性和行為，解釋成物競天擇這類功能的產物，例如：人格和繁殖策略；也解釋成人類祖先為解決生活環境中的問題，逐漸發展出的心理適應性。

「這或許是有史以來第一份研究報告，說明腦部受損者在某種情況下，能做出比常人更優異的財務決策。」卡內基梅隆大學經濟學暨心理學教授羅威斯坦說。

美國南加大心理學暨神經經濟學教授安東尼・貝沙拉（Antoine Bechara）的研究更勝一籌。貝沙拉指出：「研究需要確定在哪種情況下，情緒是有利的或具有破壞性；在哪種情況下，情緒能做為人類行為的指導準則。最成功的股票經紀人被稱為『功能性人格病態者』或許是有道理的，一則是這些人更擅長控制自己的情緒，一則是他們感受不到跟別人同等程度的緊張。」

史丹佛大學教授希夫也支持這種說法。「很多企業執行長，」他令人緊張不安地補充說，「以及許多頂尖律師，很可能也具有這種特性。」

經濟學家卡里・弗里德曼（Cary Frydman）跟在美國加州理工學院的同事曾進行一項研究，證實希夫的發現是可信的。弗里德曼交給每個志願者二十五美元，然後向他們提出許多棘手的理財問題。志願者必須在很短的時間內做出決定，是要保守投資，接受穩定收益，比方說：賺進二美元，或是要大膽下注，承擔風險，藉此取得更大獲利的可能性，比方說：可能獲得十美元，也可能失去五美元，兩者機率各半。最後，究竟誰會大撈一筆，誰會破產？

這可不是隨機選擇的問題。研究結果顯示，有一小部分志願者遠比其他人聰明，他們可以承擔風險持續做出最佳選擇。這些人不是金融奇才，也不是經濟學家、數學家或撲克牌世界大賽冠軍。他們不過是帶有「鬥士基因」——單胺氧化酶A基因多態性（MAOA-L），這種基因先前被認為跟危險的「人格病態」行為有關。

「跟以往文獻中的討論截然不同的是，我們的研究結果顯示，這些行為模式不見得不好，」弗里德曼團隊寫道，「因為在做財務抉擇時，這些人只在有利可圖的情況下，才會冒險行事。」

弗里德曼更進一步地說明。「如果兩名賭徒在玩牌，其中一人賭很大，」他說，「看起來這個人似乎更暴力或衝動。但是你並不知道他手中拿了什麼牌，或許他因為贏面大才押大賭注。」

另外，加拿大心理學家海爾跟同事在二〇一〇年所做的調查研究，也證實這一點。海爾邀請二百多名美國企業高階主管填寫《病態人格檢測表修訂版》，藉此比較企業高階主管跟一般人的人格病態特性有何不同。結果，企業高階主管不但在得分上遙遙領先，他們本身的人格病態跟企業內部對其個人魅力和簡報風格的評比也出現正相關：這群人擁有創造力、優秀的策略思維能力、以及出色的溝通技巧。

後來，我們在第一章提過英國薩里大學學者博德和弗里松進行的調查，當然也為這種論點提出佐證。他們將企業執行長跟布羅德莫精神病院（Broadmoor Hospital，英國一家高安全級別的鑑定機構）的住院者，就其心理特徵測試進行比較。結果，在人格病態特徵方面，企業執行長這類人士竟然勝出。大家可要知道，布羅德莫精神病院裡面關的可是全英國最危險的罪犯。

我跟海爾說，近年來由於企業精簡人力、改組和併購，其實為人格病態者提供更適當的溫床。我認為，就像政治動盪和不穩定性也是「培養」人格病態者的好環境，工商業同樣也成為造就人格病態者的廣大領域。海爾點頭表示贊同。

「我一直認為，如果我不在監獄裡研究人格病態者，那麼我一定會到股票交易所去研究這群人，」他興奮地說，「毫無疑問，跟人格病態在一般人群中的比例相比，企業界裡人格病態的比例簡直高得嚇人。你在任何組織都能找到他們，在那裡他們有相應的地位和身分，有控制他人的權力，還有機會取得物質財富。」

跟海爾共同撰寫企業內部人格病態相關論文的合著者、美國紐約產業與組織心理學家保羅・巴比亞克（Paul Babiak）贊同這種說法。

「人格病態者在處理緊急多變狀況時，幾乎毫無困難。其實，他們在這方面游刃有餘，」巴比亞克解釋說，「組織內部的混亂，剛好滿足人格病態者尋求刺激的必要需求，也為其強烈的控制慾和施虐行為提供足夠的掩護。」

諷刺的是，這些膽敢打破常規、承擔風險和尋求刺激的人，掌控著世界經濟發展走向，而他們跟廢墟上的崛起者擁有完全相同的個性。就像電影中的騙子主角艾班尼爾說的，他們是掉進鮮奶油裡的老鼠，透過不斷抗爭，終於把鮮奶油攪拌成奶油，得以順利脫困。

魔鬼藏在細節裡

巴比亞克和海爾的說法，跟博德和弗里松的研究一樣，本質上是從人口統計學和社會學的角度，提供許多有關人格病態的研究素材。跟更多從實證觀察中取得的結果比較後，比方說：神經經濟學家希夫與其合著者、提出「黑暗三性格」的喬納森；以及堅持應用數學方法賽局理論的科爾曼等，這些人清楚證實，人格病態者在這個社會裡確實占有一席之地。

這些研究一則說明人格病態者為何能在社會中長期存在，乃是因為這群人黑暗又永恆不變的基因流，既無法阻擋也屹立不搖。另外，這些研究也解釋在演化過程中，這類人格特質總是維持穩定，而且還聲勢看漲。社會中有這樣的職位和工作，讓人可以利用本身好鬥、殘酷或冷漠的本性，在職場中如願以償。他們具有的那些心理特質，就跟人格病態者人格特徵並無二致。在這類職務中，他們利用與生俱來對抗壓力和危險的高超本領，通常就能創造無數的財富，並為個人換取地位與名聲。心理學家喬納森跟我們說過，壞男孩似乎對某一類女孩特別有一套，難怪他們的基因四處散播。或許你認為從生物學的角度來說，他們這樣做就等於以小搏大。

當然，我們也會在善於利用社會資源的人士身上，找到像魅力非凡和處變不驚這類特徵，好比說：世界頂尖的騙徒。而且，當這些特徵跟詐欺這種天分結合後，就可能產生毀滅性的驚人後果。以葛瑞格・莫蘭特（Greg Morant）為例，他是美國最成功也最難以捉摸的騙徒之一。講到人格病態，他也是我見過的最魅力十足、也最冷酷無情的五位人士之一。我在紐奧良一家五星級飯店酒吧跟他見面。他買了一瓶要價四百美元的水晶香檳後，才肯把我的皮夾還給我。

「騙子必備的最重要條件之一就是，要有超強的判斷力，能夠準確察覺出別人的『弱點』。」莫蘭特跟我解釋。他的說法讓我想起心理學家布克。本書第一章提及布克的發現：

跟非人格病態者相比，人格病態者在進行暴力攻擊前，只要觀察人們走路的姿勢，就能找出要下手的對象。「你遇到的大多數人，他們在跟你交談時都不會注意自己說了什麼，話講完就忘了。但是，騙子會留意別人講的每句話。就像醫生要治療病患前，要先瞭解病患一樣；想騙人，就要先從小細節去瞭解這個人。而且通常就是這種小事，魔鬼就藏在細節裡……你必須讓對方開口講話。通常，一開始你要先講講自己，厲害的騙子要有故事可講。接著，就立刻轉移話題，突然隨便講起毫不相干的事，打斷剛才滔滔不絕地交談。這樣一來，十之八九，會讓對方忘記自己剛才說了什麼。」

「然後，你就可以開始策劃怎樣行騙——不是馬上開始，而是一、二個月後，要有耐心。不管他們跟你說過什麼，你都可以隨便胡扯，通常你會抓出重點，把故事改成自己的版本騙倒對方！之後，你想騙什麼都能到手。我舉個例子跟你說明。有個傢伙成天賣力工作，既富有又成功。小時候，有天放學回家，他發現自己收藏多年的心肝寶貝唱片不見了。原來他老爸是個無賴，把他的唱片賣掉買酒喝。我心想，我跟他在酒吧聊了三、四個小時後，他跟我說這些幹嘛？這件事一定有內情，後來我搞懂了，我知道他為什麼那麼拼命工作，全是因為他老爸讓他很害怕。這些年來他的生活其實一直停滯不前，他不是什麼企業執行長，只是那個受到驚嚇的小孩，那個有天放學回家發現自己收藏的唱片不見了的小孩。

「我心想，天啊，那實在是大好消息。你猜後來發生了什麼事？幾週後，我告訴他，我發生過什麼事。我說，有天夜裡我回家發現老婆跟老闆躺在床上，之後我老婆訴請離婚，還把我趕出家門。」

莫蘭特先停下來在我們的杯子裡倒些香檳。

「我根本在鬼扯！」他笑了起來，「但是你可知道，我幫了那傢伙，把他從悲慘的回憶中解救出來。有句話說，克服恐懼的最好辦法就是面對恐懼。嗯，總要有人當這個老爸吧。」

莫蘭特的話讓人不寒而慄，而且我親耳聽到，感覺更是可怕。到現在，我還清楚記得跟他在紐奧良的會面及當時的感覺。他講的話離經叛道，卻又引人入勝，讓人迷惑，卻也心生恐懼。就跟第一章提及梅洛伊採訪那些臨床醫師和刑事審判人員的感覺一樣。我對自己正在打交道的這類人士，幾乎不抱什麼幻想，雖然莫蘭特的作風就像擁有遊艇的富豪。他雖然意氣風發，骨子裡卻是人格神病態者，是帶有掠奪性的社交變色龍。在香檳於唇齒間流動中，美國南方夕陽映照在莫蘭特手上戴的勞力士錶，把錶照得閃閃發亮。像他這種高明的騙子會不費吹灰之力，一點一點地入侵你的大腦，讓你不知不覺被他騙倒。

然而，身為一名心理學家，我在莫蘭特的話裡發現一個簡單而無情的真理。他的慣用手法符合嚴格的科學原理。調查顯示，想要別人談談自己，最好的做法就是你先講講自己的事。自我揭露是一種相互作用。研究也顯示，如果你不想讓別人想起某件事，關鍵就是讓對方分心。總之，重點在於行動迅速[7]。而且在臨床心理學中，治療師會耐心等待一個臨界點再介入，這樣就能從中取得許多重要資訊，可以揭開或封存跟潛在問題有關的事件或時刻。不過，這種做法並不適用於功能性障礙。核心人格結構、交際作風、個人價值，這一切往往會在人們的生活中表露無遺。

「每當你跟人交談時，你一定要留意那些看似無關緊要的事，」在英國諾丁漢大學（University of Nottingham）心理創傷復原與成長中心擔任心理學、健康與社會照顧教授的史蒂芬．約瑟夫（Stephen Joseph）這樣說。「比方說，十年前你跟會計部門的布萊恩在辦公室裡大動肝火；老師說你遲到了，不能參加考試；或者，工作都由你做，功勞卻給

7 早在一九五〇年代，美國研究記憶的研究員約翰．布朗（John Brown）、勞埃德和瑪格麗特．彼德森夫婦（Lloyd and Margret Peterson）就進行研究，請受試者記住多組字母，同時用數字讓受試者分心。比方說：先讓受試者記住一個由三個字母組成的音節，然後馬上隨便跟他們講一個三位數字，比方說八〇六，讓他們從這個數字減三往前倒數。然後，在一定時間間隔後，讓他們回憶之前的那些字母。另一個對照組則被要求記住三字母音節，但不受任何干擾。結果，哪一組受試者把那三字母音節記得更清楚？沒錯，就是沒有受到干擾的那組受試者。其實，對於受到干擾的那一組來說，他們在十八秒後就完全不記得那三字母音節了。

別人獨享。你要知道，你是在大海撈針，要在腦子裡把這些瑣碎事項逐一篩選，找出真正重要的線索。」

工作全都由你做，功勞卻給別人獨享，你覺得怎麼樣？當然不行！

謊言背後的真相

如果那名跟我交談的英國軍情局官員的觀點有些道理可言，那麼高明騙徒和間諜不過是一體兩面。他還指出，這二種人要仰仗自己冒充他人的本領，還得有敏銳的讀心術，以及迅速看破騙局的能力。

我相信艾亞爾・阿哈羅尼（Eyal Aharoni）一定贊成這種說法。二〇一一年時，阿哈羅尼在美國新墨西哥大學進行心理學博士後訓練，他提出這個前所未有的問題：如果在某些條件下，人格病態是有利的，那麼它能讓人成為更成功的罪犯嗎？為了找到答案，阿哈羅尼向新墨西哥州多家中等安全級別監獄的囚犯，寄送三百多份調查表。藉由對每名囚犯所犯下的犯罪行為總件數，跟未被定罪的案件數量進行比較，計算其「犯罪能力」分數。舉例來說，如果十次犯刑有七次未被定罪，那麼成功率就是七〇%。此外他也發現一

件很有趣的事：人格病態確實能預測犯罪成功率，但有其極限。重度（各項人格病態特徵都呈現極大值）跟輕度人格病態的犯罪成功率都很低，而中度人格病態的犯罪成功率卻出奇地高。

人格病態究竟如何讓人成為更高明的罪犯，這一點還有待商榷。一則是，人格病態者確實是能在壓力狀態下保持冷靜的高手，所以他們可能在駕車逃逸或在審問室裡掌控局面，藉此取得優勢；一則是，他們異常冷酷無情，可能威脅目擊者不得做證。雖然同樣冷酷無畏，但人格病態者跟間諜騙子這些人不同的是，他們擁有另一種更微妙的人格天分。就跟世界頂尖撲克玩家一樣，在賭注風險很高又無路可退時，他們比其他人更擅長控制自己的情緒。所以，這項天分不僅幫他們在法庭外取得優勢，比方說策劃和進行窮凶惡極的陰謀和行動，也讓他們在法庭上受審時占盡便宜。

在二〇一一年以前，在這方面取得的大多是間接證據。芬蘭赫爾辛基大學（University of Helsinki）心理學家赫莉娜．哈卡南—尼霍姆（Helinä Häkkänen-Nyholm）與海爾合作研究，他們發現在為自己的罪刑表示悔恨時，有人格病態的罪犯比沒有人格病態的罪犯更為可信。出現這種情況實在很奇怪，因為前者自己無法感覺到這一點。但是，我們迅速檢視一下取得這種發現的背景環境：出庭時，宣判前；出庭時、上訴前；以及在假釋委員會心理學家和監獄長面前。這些情境引起心理學家史蒂芬·波特（Stephen Porter）的懷疑，並認為這屬於「情感真實性」問題。波特好奇的是，人格病態者是否並非真心悔恨，而是更擅長假裝為自己的行為感到悔恨？

於是，波特跟同事設計一個獨具巧思的實驗。他們讓受試者觀看一系列能引發多種情緒的圖像，然後觀察他們的反應，並判定其臉部表情是發自內心，或裝出來的。當受試者看著這些帶有情緒的圖片時，他們以每秒三十張照片的速度拍攝受試者，再慢動作逐一檢視影片。在受試者蓄意欺騙的情況下，這種方式讓波特得以從人們臉部出現的「微表情」過濾出重要線索：真實、純粹的情緒反應稍縱即逝，大多數人用肉眼無法及時看到，透過快門技術卻能拍下人們刻意隱藏的表情（見圖4.1）。

圖 4.1 圖 A 顯示真實的笑容，而圖 C 則是虛偽的笑容，其中洩漏出悲傷的痕跡（眉毛、眼瞼和嘴角都下垂）。圖 B 則是中性表情。就算這種稍縱即逝的細微變化，也能夠改變整個臉部表情。

A　　B　　C

波特想知道，人格病態傾向較高的受試者，是否比人格病態傾向較低者更擅長掩飾自己的真實感受。實驗結果明確證實他的假設。個人有無人格病態特質，確實能準確預測其做出虛偽表情的逼真程度。讓人格病態者觀看表示高興表情的圖像，而讓他們假裝悲傷，或讓他們觀看表示悲傷表情的圖像，而讓他們假裝高興時，他們的表現遠比非人格病態者更令人信服[8]。不僅如此，他們的表現跟在情緒商數測試中取得高分者一樣好。有人就說過，如果你能假裝真誠，並讓人覺得你的真誠，那麼你真的本領到家。

認知神經科學家哈麥德．卡里姆（Ahmed Karim）做了更進一步的實驗，他利用某種電磁神奇功能的輔助，讓受試者玩一個遊戲，並且讓騙徒和情報員這些職業生涯的前景看好。這個遊戲是這樣的：受試者從一間辦公室裡偷錢，然後由一位扮演警探的調查者訊問他們。為了讓受試者賣力欺騙警探，充當小偷的受試者如果成功騙過警探，就可以把偷到的錢留為己用。卡里姆發現，將顱磁刺激[9]用於腦部跟道德決策有關的前額葉皮質區，就能提高受試者的說謊商數（Lie Q），也就讓他們具備更高明的說謊技巧。

為什麼會出現這種情況，目前我們還無法立刻搞清楚，研究人員正在尋找可能的解

8 有趣的是，波特的一名學生薩賓娜．德梅特里夫（Sabrina Demetrioff）還發現，人格病態者也比其他人更擅長破解微表情。
9 經顱磁刺激是為了中斷腦部皮質區的運作，而暫時刺激腦部的一種非侵入性方式，藉此調查刺激或抑制所選擇神經路徑會產生怎樣的結果。

答。不過，有一種可能性是，經顱磁刺激對前額葉皮質區產生抑制作用，限制神經禁區對意識的反應，因此讓說謊者不會受到道德衝突的干擾。這種假設跟對那麼你真的本領到家，病態者的研究結果一致。舉例來說：我們從先前的研究得知，那麼你真的本領到家，病態者的前額葉皮質區灰質減少了，而且最近由麥可．克瑞格（Michael Craig）及其在英國倫敦人格病學研究所（Institute of Psychiatry）同事採用的擴散張量影像（Diffusion Tensor Imaging）[10]所做的分析，也顯示鉤束（uncinate fasciculus, UF）完整性下降。這裡提到的鉤束就是軸突束（一種神經導管），將前額葉皮質區跟杏仁核連結起來。

換句話說，人格病態者不但天生就不老實，而且跟我們其他人相比，他們感受到的「道德痛苦」也少很多。但是在不得不做決定的緊要關頭，具備這樣的特質未必是壞事。

不計一切，放手一搏

當然，因為缺乏道德心而撈到好處的，不只騙子這種人而已。除了賭場和法庭外，向道德提出挑戰而占到便宜的事，或許在各行各業都找得到。就拿一九六二年的電影《戰鬥銀翼》（*The War Lover*）中的這段對話為例：

中尉林奇：現在，談談該怎麼處理里克森吧。我們絕對猜不出來他接下來會耍什麼花招。我們能讓這種飛行員繼續待下來嗎？我們可以不要他嗎？醫生，你有什麼意見？

上尉伍德曼：里克森就是英雄跟人格病態者只有一線之隔的典型人物。

中尉林奇：那你認為他究竟是英雄，還是人格病態者？

上尉伍德曼：時間會證明一切。我想或許我們在冒險……但這就是戰爭的本質。

《戰鬥銀翼》以二次大戰為背景，主角巴茲．里克森是一位驕傲自大、無畏無懼的B-17轟炸機飛行員，在空戰方面本領高超，戰爭剛好讓他徹底發揮本身冷酷和不顧道德等人格陰暗面。有一次因為天候惡劣，中止轟炸任務，里克森平常被機組人員吹捧本領高超不怕死，這次他不服從返航命令，從雲層中俯衝，把致命武器空投下去，導致另一名投彈人員在任務中喪生。里克森像掠食動物的原始本能在戰場上表露無遺。指揮官為了懲罰

10 擴散張量影像（DTI）追蹤大腦中水分子的活動。跟其他類型的組織一樣，腦部大多數組織中的水分子擴散呈現多向性。然而，在大腦白質、也就是在大腦不同區域傳導電脈衝的纖維束中，水分子通常沿著軸突長度的方向定向擴散。這種長而細的絲狀體從每個神經元基部向外伸出，利用受體細胞繞過細胞體，向突觸傳導電脈衝。軸突被一層具有絕緣、「防水」作用的髓鞘白色脂質覆蓋，正是這個物質讓大腦白質呈現白色，而軸突外部絕緣層的厚度也各不相同。因此，藉由分析水分子擴散的速度和方向，研究人員可以設計軸突的「虛擬」圖像，推斷這些白色髓鞘外部絕緣層的厚度，並評估其結構的完整性。

他，改派他去執行常規飛行任務，空投傳單，他就把飛機停在機坪上發出嘈雜聲響表示抗議。上面那段對話就發生在這樣的背景下，是領航員和航空軍醫之間的交談。

如同上尉伍德曼所說，英雄和人格病態者只有一線之隔，而且通常就取決於這條線是由誰來畫。

像里克森這種人不是只在電影裡出現。到目前為止，我對許多特種部隊士兵做過測試，他們全都在《病態人格量表》測試中拿到高分，不過想想他們都對出生入死習以為常，在這項測試中拿高分也不令人意外。其中一名士兵還特別語帶保留地說：「拿下賓拉登的那幫弟兄，可不是在玩週末漆彈遊戲。」

南加大心理學家暨神經系統科學家艾德里安・雷恩（Adrian Raine）跟同事進行一項研究，說明人格病態者擁有的這種冷靜與專注。雷恩利用一項簡單的學習任務，將人格病態者和非人格病態者的表現進行比較，從中發現在犯錯會遭受痛苦電擊做為處罰時，人格病態者搞懂學習規則的速度就比非人格病態者來得慢。但這只是其中一項發現，如果搞懂學習規則不但可以避免遭受電擊，還有獎金可拿，情況就大不相同。這下子，就是人格病態者會學得更快了。

證據顯而易見，如果能「擺脫」某種情況，又能得到獎勵，人格病態者就會全力以赴，不管有什麼風險或可能造成什麼不利的後果。他們不僅能在遭受威脅或身處逆境時保持冷靜，而且在有不祥預感的陰影籠罩時，他們會變得像雷射光束那樣專注，「不計一切，放手一搏」。

美國范德比爾特大學（Vanderbilt University）的研究人員更進一步地研究，檢視人格病態者經常像掠食者般連眼睛都不眨的那種專注，在大腦中是如何映射的。他們的發現以截然不同的角度，闡釋身為人格病態者的感受，並且開啟一個嶄新的觀點，瞭解人格病態者的行事動機。在這項研究的第一部分，志願者依照人格病態得分高低分為兩組，研究人員為每位志願者注射一劑興奮劑（即安非他命），然後以正子斷層掃描儀（PET）[11]，仔細觀察他們的腦部活動，看看可能發現什麼。

「我們的假設是，某些人格病態特質，比如：衝動、被獎勵高度誘發和大膽冒險，是跟多巴胺獎勵迴路的功能不全有關，」該研究主持人喬許．巴克霍茲（Joshua Buckholtz）說道，「而且由於多巴胺的過度反應，一旦人格病態者專注在獲得獎勵的可能性，他們就無法轉移注意力，直到獲得自己追求的東西才肯罷休。」

11 當測試對象進行不同活動，產生不同想法或情緒時，正子斷層掃描儀讓研究人員能取得大腦各區域不同神經化學活動的圖像。正子斷層掃描儀的運作方式是，研究人員先在志願者的血液中注入一種無害，暫存體內的顯影劑，然後掃描顯影劑釋放伽馬射線這種幅射模式的移動路徑。

巴克霍茲說的沒錯，研究結果就跟這個假設一致。在針對這種刺激做出反應時，人格病態得分高的志願者釋放出的多巴胺，幾乎是人格病態得分低志願者的四倍。但是，實驗結果還不只這樣。在實驗的第二部分，研究人員觀察志願者大腦類似活動模式，他們告訴志願者，完成一項簡單任務就有獎金可拿。（有這麼好的事，下次請通知我，我也要參加！）果然，功能性磁振造影儀器顯示，人格病態得分高志願者的伏隔核，也就是腦部多巴胺獎勵區域的活動，其活躍程度比得分低的志願者更為顯著。

「長久以來，人格病態相關研究有一個慣例，那就是以人格病態者對懲罰缺乏敏感性和欠缺畏懼感做為研究的重點，」該研究的合著者、心理學兼精神病學副教授大衛・薩爾德（David Zald）表示，「但是那些特質並不是預測暴力或犯罪行為的準確指標。這些人表面上看起來受到獎勵（誘因）的強烈吸引，暫時忘記對受到懲罰的擔心。這並不表示他們沒有察覺潛在風險，而是因為本身對獎勵的期待或動機沖昏頭，無暇顧及那些擔心。」

法律語言學方面也找得到這方面的佐證。這方面的研究顯示，謀殺犯對自己罪行的表述，會由其本身是何種類型謀殺犯來決定。美國康乃爾大學電算暨資訊科學系教授傑夫・韓考克（Jeff Hancock）和他在英屬哥倫比亞大學的同事們，針對十四名男性人格病態者謀殺犯，和三十八名男性非人格病態謀殺犯的資料做比較，發現其中存在顯著的差異：這種差異不但跟情緒失常有關（人格病態者針對生理需求，像食物、性或金錢所使用的字詞，是非人格病態者的兩倍；而非人格病態者比較重視社會需求，例如：家庭、宗教信仰和精神追求），也跟個人藉口有關。

利用電腦分析文字記錄錄音檔顯示，人格神病態者殺人犯在其供詞中，使用更多連接詞，像是「因為」、「自從」和「所以」等，暗示為達成某項特定目的，他們「必須完成」犯罪行為。奇怪的是，他們在供詞裡也傾向於提及謀殺案當天自己吃了什麼等這類細節——難道這是原始掠食者的本性作祟？

不管怎樣，這個結論毋庸置疑。人格病態者不計代價要得到獎勵，也不顧後果把風險擺一邊。當然，這或許在某種程度上能解釋，為何薩里大學學者博德和弗里松的研究發現，跟監獄囚犯相比，企業執行長具備更明顯的人格病態特質。金錢、權力、地位和控制慾，這些全都是企業董事擁有的代表性特徵，這些都是讓人爭相追求之物。在人格病態者於企業內部拼命往上爬，努力登上權力高層的過程中，這些誘因構成一種無法抗拒的吸引力。你不妨回想一下，先前海爾以先見之明提出的告誡：「你在任何組織都能找到他們，在那裡他們有相應的地位和身分，有控制他人的權力，還有機會取得物質財富。」

有時候，這群人在企業界中表現優異，但有時候，他們做不好也在所難免。如果獎勵的道德體系失控，我們可以預見，這群人的激情就會迅速冷卻。像里克森這種傲慢自大、勇敢無懼的人處處可見，各行各業都有，就連銀行業也不例外。

如果你好奇里克森後來有何下場，那我告訴你，他死了。死於墜機失事，他駕機撞上多佛白崖（white cliffs of Dover），在一團火球中化為灰燼。

披上冷血的假面

一般說來，人格病態者超越常人的無畏和專注，通常被歸因於情緒處理有缺陷，尤其是杏仁核的功能障礙。直到最近，這種觀點已經讓研究人員相信，人格病態者不但不知道恐懼為何物，也不會「產生」同理心。但是在二〇〇八年時，雪莉・費克圖（Shirley Fecteau）及美國波士頓貝斯以色列女執事醫療中心（Beth Israel Deaconess Medical Center）同事的研究中，提出截然不同的解釋。結果顯示，人格病態者不但有能力認知情緒，其實他們也比我們常人更懂得察言觀色。

費克圖跟同事們利用經顱磁刺激技術，對於《病態人格量表》中得分高的志願者，刺激其腦部體感皮質（處理和調節生理感受的部位）。先前的研究顯示，在經顱磁刺激反應中，受測者看到別人遭受痛苦時，本身體感皮質區域中跟對方疼痛部位相同部位的神經，興奮程度就會減弱。這類研究需要高度專業，也把腦部結構巧妙命名為鏡像神經元（mirror neuron）。費克圖推測，如果人格病態者缺乏同理心，那麼跟那些在《病態人格量表》得分較低的志願者相比，得分較高的志願者神經興奮減弱的程度就不會那麼顯著。這種結果就跟另一個實驗結果完全一致：跟大多數正常人相比，人格病態者在別人打哈欠時，更不容易跟著打哈欠[12]。

然而，令費克圖及研究團隊驚訝的是，實際結果跟他們的預期正好相反。在《病態人格量表》中得分高的志願者，尤其是在「無情」這項得分高的志願者（「無情」這項特質跟同理心最直接相關），他們在經顱磁刺激反應中，神經興奮減弱的程度更加顯著。這表示他們對於認知他人情緒並沒有障礙，反而還在這方面很有天分。所以問題顯然不是出在情緒認知本身，而是出在感覺和情感之間的解離，意即無法區分情緒為何物，也無法瞭解情緒是怎樣的感受。

12 打哈欠會傳染，暗示出人類彼此之間、其他動物之間，有時甚至是人類與動物之間在肢體上的深層連結！小狗會因為主人打哈欠而打哈欠，猩猩也會因為照顧者打哈欠而哈欠連連。大家對於打哈欠會傳染已經形成兩種共識：一是沒有同理心的人在別人打哈欠時，比較不會跟著打哈欠，因為他們根本沒有注意別人在打哈欠。或者，他們根本不會受到別人的影響。現在，我跟同事尼克．庫柏（Nick Cooper）正在瑞典著手進行一項研究，測試人格病態者對於別人打哈欠的反應。

心理學家艾比蓋爾·拜爾德（Abigail Baird）也發現類似情況。拜爾德在一項利用功能性磁振造影技術的情緒識別任務中發現，依據臉部表情識別情緒（與情緒處理中存在缺陷的情況一致）的實驗中，跟《病態人格量表》得分低的志願者相比，得分高的志願者其杏仁核活動較不活躍，但是視覺和側前額葉皮質區的活動都增強。如同拜爾德及其研究團隊指出，這表示《病態人格量表》得分較高的參與者，依賴跟感覺和認知有關的部位來進行情緒識別任務」。

有位人格病態者跟我這樣說過：「就連色盲走到十字路口時，都知道何時該走，何時該停。或許你覺得很驚訝，但事實就是這樣。」

或許就像動畫影集《辛普森家庭》中的老爸荷馬·辛普森之前提醒我們的這句話：我只是不在乎，並不表示我不懂。

當然，人格病態者認知他人情緒的高超能力，或許說明本身優異的說服力和操控本領，至於他們擅長偽裝個人情緒的好本領就更不用說了，這部分我們稍早在本章論述過。但是他們從「熱的」情緒同理心中，減少「冷的」感官同理心受到的影響，這種能力也有其他優勢。尤其是在執業者跟本身工作存在一定程度情感疏離的行業，這種能力就極具優勢，醫療業就是其中一例。

以下是英國一名頂尖神經外科醫師描述他進手術室前的感覺：「進行重大手術前，我會不會緊張？不會，我不會緊張。不過，我想就跟任何工作一樣，你要讓自己做好心理準備，必須全神貫注於手邊的工作，不能分心。你必須把工作做好。」

「你不久前提到特種部隊。其實，外科醫生的心態跟即將攻打建築物或飛機的戰鬥精英的心態類似。在這兩種情況下，主要的工作就被稱為『行動』。他們都必須『備妥裝備』，戴上面具。而且，在這兩種情況下，就算有多年實戰和訓練，也無法讓你做好十足準備，排除可能出現的不確定因素。外科醫生在切開皮膚的那一瞬間，就跟戰鬥中那令人興奮的爆炸瞬間一模一樣。最後在把手術傷口縫合好時，你突然明白……你做到了。

「對準頭部一槍斃命的攻擊時發生的一厘米誤差，跟外科醫生在兩條重要血管間遊走時出現的一厘米誤差，有什麼不同？在這二種情況下，生死都掌握在你手中，你的決定攸關生死或榮耀。說實在的，進行外科手術就是在刀尖上遊走。」

這位醫師在《病態人格量表》中的得分遠超過平均值。如果你因為這樣一位世界頂尖神經外科醫師竟然說出這些話而大感驚訝，那你可能要再好好想想，或許你就會覺得他講得話其實很有道理。臺灣陽明大學教授鄭雅薇醫師跟同事曾進行二個對照組實驗，一組實驗對象是有二年以上針灸經驗的醫師，另一組實驗對象是非醫學專業人士。這支研究團隊使用功能性磁振造影技術檢查這二組實驗對象的腦部活動，觀察他們看到針刺入口腔、手和腳時的反應。研究團隊觀察到相當有趣的結果。當非醫學專業人士看到針刺入口腔、手和腳的影片時，他們身體對應部位的體感皮質區，就像聖誕樹上的小燈一顆顆亮起來。腦部其他區域比方說：環導水管灰質區（協調恐懼反應）和前扣帶皮層（決定錯誤、異常和疼痛處理）也是如此。

相較之下，那些經驗老到醫師專家的腦部幾乎沒有絲毫跟疼痛相關的反應。相反地，這些人的前額葉皮質區中部和中部以上部位的活動情況卻相對增強；而且他們的顳頂聯合區，也就是跟情緒調節和心智理論（theory of mind）[13]有關的腦部區域，活躍情況也增強。另外，跟非醫學專業人士相比，醫師對於看到針灸的反應，顯然沒有那麼不舒服。這一點讓人回想起許多實驗結果顯示，在內心感到恐懼、厭惡或遇到情色刺激，以及面對困難的社交壓力測試，像特里爾社會壓力測試（Trier Social Stress Test）[14]時，人格病態者的生理反應（例如：心跳速率、皮電反應和皮質醇濃度等）都會減弱。這些醫師們從經驗獲得的東西，卻是人格病態者與生俱來的特質。

人格病態公式

在偶然發現鄭雅薇的研究不久後，我就搭機前往華盛頓首府，到美國國家精神衛生研究院（National Institutes of Mental Health, NIMH）去見詹姆斯．布萊爾（James Blair）。布萊爾是人格病態研究方面世界頂尖的專家之一。「身為人格病態者有什麼好處嗎？」我問他。他答道：「是有好處，但要看情況。有時候，人格病態特質確實有必要。」

布萊爾很謹慎，因為這樣講可是很危險的。「沒錯，有狀況發生時，人格病態者或許不會像常人那麼擔心，」他告訴我，「但是，我們並不清楚，他們在那些狀況下做出的決策是否特別好。還有，因為他們無法對受到的威脅做出適當的分析，所以他們也許會陷入困境，而不是避開麻煩。」

換句話說，如果我們可以將這種推理稍微改變一下，輕鬆一點看待邏輯，那麼人格病態特質就可能帶來諸多好處。否則，就別指望這類特質有什麼好處可言。

但我還沒說完，我想這不就是我們在英雄人物身上尋找的東西嗎？沒有人會指控他

13 廣義來說，心智理論意指在認知和情緒感受上，能夠理解他人心理狀態的能力。

14 特里爾社會壓力測試通常牽涉到，讓受試者在很短的時間內準備模擬一個工作座談，在此期間告訴受試者，他們將經歷各種專業審查，比方說：音頻分析及非語言溝通技巧評估等等。

們決策錯誤。貝沙拉．希夫和羅威斯坦的「功能性人格病態者」理論，結果如何呢？弗里德曼的行騙高手呢？（沒錯，單胺氧化酶A基因多態性是決定冒險和暴力的密碼，但這種特質並不能跟人格病態者劃上等號，只不過兩者間確實存在某種關聯。）結果在這種情況下，功能性人格病態者做出的決策很可能比你我所做的決策要好。所以，或許情況就是那樣，或許只需要把下面這個公式做一點點調整：

功能性人格病態＝人格病態－錯誤的決策

至於第二種看法，我找到人格病態獵人、美國新墨西哥大學心理學暨神經系統科學副教授肯特．基爾請益，他也是新墨西哥州阿布奎基心智研究網（Mind Research Network）移動造影核心與臨床認知神經科學主任。從基爾的頭銜就能得知，他可是一個大忙人，其實我就是在他出差時認識他。不過，那趟出差可不是你想像的普通行程，他在旅途中還帶著一輛有十八個輪子的卡車：這項設備實在大的驚人，每次他停車時都讓我看得瞠目結舌，他竟然不需要大型貨櫃車許可證就能停車。不過，他當然需要申請掃描許可證，因為這輛卡車裡面裝載的是一台特製的功能性磁振造影儀，價值高達二百萬美元。基爾用卡車裝載這部儀器，往返新墨西哥州多家監獄，目的是揭開人格病態的基本神經構造。我拿先前問過布萊爾的問題問他：「有時候，身為人格病態者是不是有好處？」基爾跟布萊爾一樣，審慎回答這個問題。

「在人口中，人格病態特質呈現常態分布，這句話確實有一定的道理，」他告訴我。「但關鍵在於，處於譜系最高點的那些人，有時就是不懂得要克制自己天不怕、地不怕的性格。舉例來說，企業執行長可能對於某些商業領域，完全不懂得要規避風險。但是他們或許不會在深夜裡，到治安不好的地區走動。然而，人格病態者無法區分兩者的差別，對他們來說，不是全好，就是全壞。」

因此，我們的公式必須考慮第三個因素：

功能性人格病態＝（人格病態－錯誤的決策）／環境

也就是說，功能性人格病態還取決於環境。以人格理論的術語來說，就是跟「特質」相對應的「狀態」。而且在適當情境下，功能性人格病態能提高決策的速度和品質，而不是減損它們。

早在一九八〇年代，社會學家約翰．雷伊（John Ray）就得出類似結論。雷伊假設一個拋物線函數，這模型對於人格病態跟人生成功與否之間的關係做出最佳闡述（見圖4.2）。雷伊以下面這段話做說明：

極高跟極低程度的人格病態或許都不是最佳狀態，中間程度可能最有適應力。人格病態程度高，則適應力差，這麼說的依據是，臨床人格病態者常給自己找麻煩。至於說人格病態程度低也沒什麼適應力，原因是我們大都以為，人格病態者不會表現出絲毫焦慮。過度焦慮的負面影響無須強調，這一點大家都知道。所以，在非住院人格病態者的正常人口中，人格病態者對焦慮的遲鈍或許會給他們帶來好處。

諷刺的是，這跟阿哈羅尼在罪犯幫派中調查的結果完全相同。決定人格病態者能否成功犯罪的因素，不是較高程度的人格病態，也不是較低程度的人格病態，而是適當程度的人格病態。心理學家海爾跟巴比亞克繼續對企業家的人格病態進行研究時，並沒有忽略這一點。他們發明一種名為「商業掃描儀」（Business Scan, B-Scan）的設備：一種包括四個小項（個人風格、情緒類型、組織效益和社會責任）的自述式問卷，專門用來評估企業人

圖 4.2　人格病態跟適應力的關係

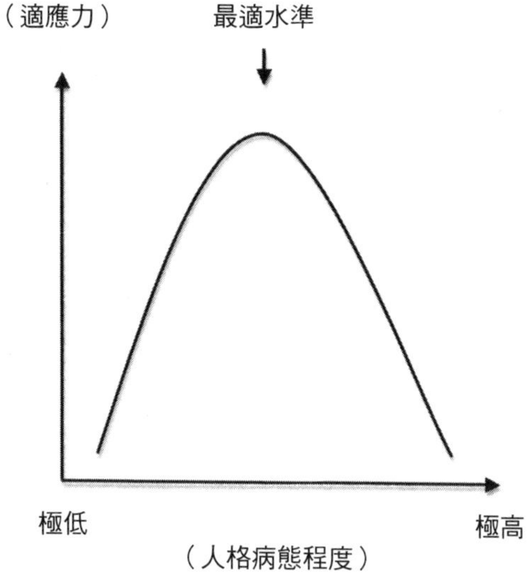

資料來源：Ray and Ray, 1982

圖 4.3　商業掃描儀：領導特質與其對應的人格病態特質

領導特質	人格病態特質
有魅力	魅力非凡
自信	誇大
影響力	操控慾
說服力	騙子
前瞻思考	虛構複雜故事
行動導向	尋求刺激
有能力做出艱難決定	情感匱乏

士的人格病態特質，跟司法單位用於檢測罪犯的《病態人格檢測表修訂版》，或用於評估一般人的《病態人格特質量表》不同，這種問卷特別適用於企業環境（見圖4.3）。

在企業這種環境下，人格病態核心特質有時也會變成有影響力領導者的明星特質。為了對這些特質的呈現進行評估，就必須針對環境敏感度，以適當措辭用語提出適當的問題。這就是商業掃描儀的目的所在，描述企業結構內部項目，並以日常企業術語來表達（例如：為了談成交易，就算說謊也沒關係。——同意／不同意，以一到四的評分等級作答。）目前，我們正針對英國的律師、交易員和特種部隊士兵，設計獨立樣本進行研究，以便具體觀察這些專業人士的心理特質：對各種高風險職業進行心理學上的切片研究。

某天我坐在美國紐約上城一間咖啡館裡，巴比亞克的領導管理顧問公司就在這條路上，我突然想起跟英國一名頂尖皇室顧問，在他位於倫敦市中心會議室裡的談話。

「在法庭上，我簡直就像在殺人，」這傢伙告訴我，「證人席上每一個人都被我折磨，我還有辦法讓性侵嫌疑犯在聽證席上假裝懺悔落淚。我對這些都坦然接受，你知道為什麼嗎？因為那就是我的工作，是客戶花錢雇我做的事。一天結束後，我拿掉律師假髮走出法庭，跟老婆一起上餐廳享用美食，把當天發生的事拋諸腦後，即便我心知肚明，稍早發生的事可能把受害者的人生都毀了。

「不過，從另一方面來說，要是我老婆在商店買了一件禮服，忘了拿發票，要我去把發票拿回來，情況可就截然不同。我討厭做這種瑣事，我會覺得很無助，覺得自己很遜……」

巴比亞克點點頭，他知道我在說什麼，那正是商業掃描儀的設計宗旨和所要理解的事項。

我們邊喝拿鐵，邊欣賞哈德遜河的景色。在結冰的灰色河水上方，一大片雲層在天空中緩緩移動。

「你怎麼看？」我問他：「你認為利用商業掃描儀，我們會找到成功人生跟人格病態特質的最適分數嗎？這個黃金數字跟巔峰表現（peak performance）有關嗎？」

他聳聳肩說：「或許吧。但我的推測是，我們可能找到一個範圍，基於職業類別的不同，就會出現些微差異。」

我贊成他的說法，也自然而然地想起我的老友強尼，不知道他可能屬於哪個範圍。電影中 007 特務龐德有權殺人，但他不能濫殺無辜。只不過在必要時，他可是殺人不眨眼的。

瘋狂、惡劣或理智

為了把事情做個總結，我找朋友測試一下最適功能性人格病態者這個理論。我朋友湯姆是英國特種部隊成員，在世上最危險偏僻之處從事祕密工作。他對自己的工作十分熱衷。我跟他談到賭博遊戲、情感識別任務、卡里姆利用經顱磁刺激技術提高說謊技能的實驗，以及針灸醫師的故事。然後，我告訴他有關布萊爾、基爾、海爾、巴比亞克和喬納森等人的論點。

「你究竟想說什麼？」當我最後跟他講起戴上夜視鏡，在阿富汗北部山區漆黑山洞裡跟塔利班組織持刀奮戰時，他這樣問我（或許不是每位士兵都喜歡做這種事）。「你以為我瘋了嗎？膽敢闖進神鬼都不敢涉足的禁區？何必這樣？就為了錢嗎？」

湯姆跟我開玩笑地作作手勢後，開始跟我講一個故事。幾年前有天夜裡，他跟女友看完電影《奪魂鋸》後走回住處。突然有人持刀從門口出現。湯姆的女友嚇得喘不過氣，而湯姆只是吆喝一聲，冷靜奪下那名歹徒的武器，把歹徒趕跑了。

「有趣的是，」湯姆說，「我真的認為那部電影很驚悚。但是，當我突然發現自己在現實生活中，處於同樣情境時，我還是回過神。這狀況沒什麼啊，我既不緊張，也不戲劇性，就……小事一樁啊。」

我們先前提到那位神經外科醫師也認同這種說法。他說巴哈的〈馬太受難曲〉常讓他感動落淚。

「人格病態？」他說，「那我倒不確定。我也不知道要是病人知道這些，他們會作何感想。不過，『人格病態』是個好詞。當你要進行一個高難度手術前，在開始徹底消毒時，確實覺得有一股寒意貫穿靜脈。我只能用極度興奮來形容這種感受。不過，這種極度興奮不會讓你感覺遲鈍，而是讓你感覺更加敏銳。那時我的意識處於清醒狀態，清晰又精準，而不是模糊和漫無條理。或許，用『極度理智』來形容更好，這樣講感覺比較不邪惡，或許也比較理性。」

他笑著說：「不過，或許這樣形容，聽起來更瘋狂些。」

第五章

人格病態初體驗

人生中最重要的關頭就是，當我們有勇氣洗心革面，
把自己的邪惡變成良善那一刻。

——尼采

病態時代

如果你跟海爾一樣，一直是自己專業領域裡的佼佼者，那麼你就有資格跟他一樣，在同行大會裡審慎挑選自己想見誰。二〇一一年，精神病學協會在加拿大蒙特婁舉辦二年一次的大會。我心想還是正式一點，以電郵詢問海爾這位傑出教授是否能撥冗談談。於是，我在信中暗示海爾，在大會期間能否一起喝杯咖啡？

海爾馬上回覆說：「我不想喝咖啡，想喝杯上好的蘇格蘭威士忌。你到飯店酒吧找我。我請客。」

海爾說的對，這三點他都說對了。

我打算先閒聊再切入正題，我一邊啜飲二十年單一麥芽威士忌，一邊問他：「海爾，你那時在《病態人格檢測表修訂版》的測驗，究竟得多少分？」

他笑了。「喔，分數很低，」他說，「大概一、二分吧。我的學生調侃說，我真該多努力一點。但是不久前，我真的也做了一件『神經病』才會做的事。我花好多錢買一輛全新跑車，而且還是 BMW 的跑車。」

「很棒啊，」我說，「或許你的學生對你的影響很大，只是你不知道罷了。」

我的第二個問題更嚴肅些：「當你四下看看所處的現代社會，你認為整體來說，社會變得更人格病態嗎？」

這次，他深思一會兒才回答：「我認為整體來說是這樣沒錯，現代社會確實變得更人格病態，我的意思是，現在發生的事，在二十年、甚至十年前都沒有發生過。現在，小孩年紀還很小就在網路上接觸色情，對正常性行為反應變得麻痺。人們因為太忙或缺乏耐心在現實生活中結交朋友，讓交友網站愈來愈夯。前陣子我看到一篇報告說，女性犯罪幫派的大量成長，跟現代網路遊戲日漸暴力有關。其實，我覺得你要是想找出人格病態日益嚴重的證據，女性犯罪近期大幅成長就很有說服力。而華爾街的情況就更不用說了！」

就算是不常看報紙、不常看電視和上網的人，也會理解海爾提出的這種觀點。二〇一一年，中國有位十七歲男孩為了買一台iPad，竟然把自己一顆腎臟賣掉。此外，一名二歲小孩被困在市集中被車輾過，肇事者不但沒有施救，還再輾一次。事件過後，一名中國人民大會代表對於人們袖手旁觀讓此事發生大感驚訝，於是向政府請求，希望通過《好撒瑪利亞人法》（*Good Samaritan*）[1]，以避免這類事件再次發生。

但是，從另一方面來看，壞事總在社會繼續發生，且無疑地會持續下去。哈佛大學心

1 此法案以《聖經》中的好撒瑪利亞人為名，目的為使見義勇為者免責，不需因善意救助造成損害而遭到追究。

理學家史蒂文·平克（Steven Pinker）在其著作《人性中的善良天使》（*The Better Angels of Our Nature*）中特別提到這一點。事實上，平克做了更進一步的分析。他認為，暴力活動不但沒有增加，反而減少中。冷血謀殺和其他恐怖犯罪案件常登上報紙頭版，不是因為犯罪行為司空見慣，而是恰恰相反。

以殺人案為例。檢閱一些歐洲國家的法院記錄後，學者們計算出謀殺率已大幅降低。以英國牛津郡在十四世紀時的情況跟現況相比，那時牛津郡的情況就像到處都是殺人犯。當時，每年每十萬人中就有一百一十人是殺人犯；而在二十世紀中期的倫敦，每十萬人中只有一名殺人犯。其他地區，像義大利、德國、瑞士、荷蘭和北歐半島的情況也是如此。

戰爭的情況也一樣。平克計算出，即使在衝突不斷的二十世紀，死於戰場的人約有四千萬，而世界人口約為六十億，這樣計算出的死亡率僅為〇·七%。就算把疾病、饑荒和種族滅絕等跟戰爭相關的因素一併考慮在內，死亡人數因此上升到一·八億。雖然這個數字聽起來很龐大，但是從統計數據上來說，卻還是相當微不足道，差不多只占世界人口的三%。

把這個數據跟史前社會高達一五%的死亡率相比，這樣你就可以對整個情況有點瞭解。蘇黎世大學學者佐里科夫在法國西南部，挖掘出被擊碎的尼安德塔人頭骨，其實只是冰山一角。

當然，人們看到這些數字時，馬上會想到二個問題。首先，這些數字是否跟社會人格病態程度日益嚴重、而不是日益降低相符；其次，如果社會人格病態程度日益降低，那麼在犯罪率下降的那些年究竟發生什麼事，大幅抑制我們採取暴力謀殺的衝動？

我們先談第二個問題，顯然，大多數人最先想到的答案就是法律。一六五一年，英國哲學家霍布斯在《利維坦》這本書中，率先闡述這種觀點：如果沒有國家這種機制自上而下進行管控，我們就會變成野蠻人。這種觀點很有道理。但是平克則是從比較自下而上的觀點出發，他當然沒有否認法律約束的重要性，只是巧妙地影射文化演變和心理成熟的漸進過程。

「從十一、十二世紀開始，到十七、十八世紀趨近成熟，歐洲人漸漸學會抑制衝動，懂得事先評估自我行為的長遠後果，並且考慮到別人的想法和感受，」平克這麼說。「榮譽文化（樂於採取報復）漸漸式微，由尊嚴文化（願意控制自我情緒）取而代之。這些典範源自於文化界權威人士對上流社會和貴族的公開教化，讓他們自己能跟惡人和粗人有所區別。後來這些典範又融入對後代的教化，直到這些理念成為第二天性。此後，這些標準逐漸從上流社會，擴展到拼命模仿貴族的中產階級，再擴散到下層社會，最後就成為整體社會文化的一部分。」

從歷史和社會學的角度來看，這樣講都很有道理。不過，平克的觀察暗含一些有直接關聯的重要戒律，如果做更詳細的審視，社會生物學的微妙線索或許有助於解釋一個有趣的文化悖論，在某種程度上解答先前提到的第一個問題：一方面，社會暴力傾向日漸減輕；但另一方面，社會人格病態顯然日益嚴重。

以平克的巧妙詮釋為例，「文化權威人士」在促進社會意識形態轉變的過程中，扮演著相當重要的角色。以往，文化權威人士大都是牧師、哲學家或詩人，在某些情況下，甚至有可能是君王本身。然而時至今日，隨著政教分離，加上虛擬世界的無限擴張，文化權威人士變成完全不同的一群人：當紅明星和演員、媒體和電玩大亨，他們沒有向社會大眾宣揚高尚品德，而是跟人們展現千奇百怪的人格病態。

打開電視看一下，就知道我在說什麼。美國國家廣播公司（NBC）的實境節目《誰敢來挑戰》（Fear Factor）中，我們看到參賽者大口吞下各種令人作嘔的蛆蟲和昆蟲。在《誰是接班人》（The Apprentice）節目上，我們經常聽到這句話：「你被開除了！」英國選秀節目毒舌評審賽門・考威爾（Simon Cowell）可不是因為本身謹言慎行而出名，不是嗎？在英國節目《智者生存》（Weakest Link）中，主持人安・羅賓森（Annie Robinson）

用她那淫蕩、整過型的雙眼盯著失敗選手，像發狂母夜叉那樣大聲宣布：「你最遜了，淘汰出局。」

在平克提出的社會生物學等式中，文化傳播對行為規範的影響只是這個等式的一邊。當這些行為傾向逐漸被社會接受成為行為準則，進而變成人們的「第二天性」時，情況就會截然不同。以金融業為例。貪婪和腐敗已經入侵大企業，從美國內戰時期的奸商，到一九八〇年代在資本主義和英國柴契爾政府掩護的內線交易醜聞就可得知。然而，新千禧年似乎掀起一股全新的企業犯罪潮流。投資騙局、利益衝突、審判不公，以及在企業界歷久不衰的詐騙和挪用公款，現在無論是規模還是財務影響層面，都大到前所未見。

企業治理分析師指出導致當今企業風氣如此敗壞的一些原因。電影《華爾街》所描述的內線交易行徑，就是以貪婪為主軸，另外就是所謂的「游擊會計」（guerilla accounting）。由於華爾街和倫敦證券交易所都期望持續獲利，而企業發展的速度和複雜程度都呈指數性成長，違規操作和混淆是非突然變得不可或缺。

「隨著金融商品、會計實務和商業交易的日益複雜，詐騙事件愈來愈容易隱藏其中。」資深商業訴訟律師賽思‧陶布（Seth Taube）如此評論。

曾在諾丁漢大學商學院（Nottingham Business School）任教的克里夫‧博迪（Clive R.

Boddy），近期於《商業倫理期刊》（*Journal of Business Ethics*）中堅決地主張：企業風氣如此敗壞其實原因簡單明瞭，所有問題都是人格病態在作祟。他這樣講讓我們想起在前一章中，海爾和巴比亞克的說法。博迪提出說明，他認為人格病態企業人士利用現代企業相當混亂的本質，包括「變化速度快、持續更新」，以及關鍵人員流動率高等因素，利用本身「顯現於外的領導氣質和魅力」，進駐各大金融機構位於角落景觀優美的高階主管辦公室，「讓自己的行為無人知曉」，更惡劣的是，他們「讓自己的行為看起來正常，甚至就像理想領導人物一樣」。

當然，根據博迪的分析，這些企業霸主一旦位居要角，「就能影響整個機構的道德風氣」，而且還能「大權在握」。博迪用一個語帶咒罵的指控做總結。他說，全球金融危機都要怪罪到這些有人格病態的人，因為他們「一心追求個人財富，滿足個人不斷膨脹的私欲，完全沒有顧及這樣做會給別人和社會造成什麼後果，把位高者不負眾望、平等、公平等傳統觀念拋諸腦後，或是完全不把企業社會責任當一回事」。博迪說得確實有幾分道理，這一點毋庸置疑。

但是，美國德拉瓦大學（University of Delaware）溫伯格企業治理中心（Weinberg Center for Corporate Governance）主任查爾斯・埃爾森（Charles Elson）指出，從另一方面

來看，整個社會也難辭其咎。埃爾森認為我們不該只怪罪企業肥貓，我們也應反省一下文化領域的道德失職。在這種文化中，真理被一己私利扭曲，道德界線也模糊不清，遠遠偏離良知的底限。

根據埃爾森所言，柯林頓總統跟莫妮卡．陸文斯基的婚外情即為一例。在這場風波過後，柯林頓政府並沒有垮台，家庭也沒有因此破裂，而且他的政治風範也大致完好無缺地保留下來。但是在其他領域，名譽和威信開始下滑。其實，類似情事在各行各業也時有所聞，比方說：警察因為種族歧視而飽受批判；體育競賽因為使用禁藥的醜聞而備受爭議；教會也因虐童性侵事件而引發譁然。

就連法律本身也無法倖免。美國鹽湖城伊麗莎白．史馬特（Elizabeth Smart）綁架案中，自稱先知的流浪牧師布萊恩．米契爾（Brian David Mitchell）綁架及性侵十四歲的史馬特，還將她拘禁九個月。根據史馬特的證詞，米契爾在此期間天天性侵她。但是在法院審判中，米契爾的律師卻要求審判法官對被告寬大為懷，理由是：「史馬特小姐熬過來了，她活下來，也成功獲救。」

當律師們開始煽動這種論調，最後社會風氣就會跟著敗壞。

唯我世代

我跟平克在哈佛大學教職員招待所共進午餐時提及，現在我們遇到一個難題：從一方面來看，有證據顯示社會暴力傾向日漸減弱，但從另一方面來說，也有證據顯示社會人格病態的程度日益嚴重。

平克接著提出一個值得深思的觀點：

對，假設社會人格病態的程度確實日益嚴重，但這未必表示社會暴力傾向就會急遽提高。根據我的瞭解，大多數人格病態者其實沒有暴力傾向。他們多半讓人遭受情感傷害，而非肢體傷害。

當然，如果社會人格病態真的開始日漸嚴重，那麼我們或許會發現跟四、五十年前相比，現在社會暴力有些微增加的傾向。但是更可能看到的情況是，我們開始察覺到社會暴力模式出現變化，比方說：偶發性更強，或者手段更駭人聽聞。

我覺得社會變得愈病態，其實會讓我們的生活開始像以前，比方說，像中世紀那樣。但是，純粹從現實角度來看，那種情況根本不可能發生。

過去幾十年來，人格或人際關係出現些微的改變，這件事並不讓我大感驚訝。但是現代文明的道德習俗和禮儀觀念已經在我們內心根深蒂固，變成比較良善的本性，這種本性不可能因為一時改變而被推翻掉；比較可能的情況是，人們的本性從良善往邪惡那邊稍稍靠攏。

平克認為人格病態不能長久持續下去，這個觀點是正確的。我們從上一章賽局理論的觀點來看就能獲得佐證，以生物學的角度來說，人格病態者在物競天擇的演化過程中就是失敗者。另外，平克還說對一件事，暴力行為的動機可能發生變化。最近，英國國王學院犯罪與司法研究中心（Crime and Justice Centre at King's College）進行一項研究，研究人員詢問一百二十名被判刑的街頭搶劫犯的犯罪動機，他們的回答依照重要程度排序分別為：快感、一時衝動、社會地位，以及財物報酬。這正是在人格病態者身上常見的行為模式之一：任性隨意、冷酷無情。

那麼，我們現在正在目睹的現象是，不把社會當一回事的人格病態者，這個小眾正日漸崛起嗎？這群新人類幾乎沒有社會規範概念，不在乎他人感受，也不管個人行為會造成怎樣的後果，是嗎？或許平克說的對，現代人格結構出現細微變動，人性正從原本的良善往邪惡的一邊靠攏？如果不考慮莎拉・康拉斯（Sara Konrath）及其於密西根大學社會研究所團隊的近期研究，這些問題的答案都會是肯定的。

在針對一萬四千名志願者進行的一項問卷調查中，康拉斯發現過去三十年內，大學生的同理心程度（根據「人際反應指數」〔Interpersonal Reactivity Index〕[2]衡量）持續下降，其中尤以過去十年內的下降情況最為顯著。

「跟二、三十年前相比，現在大學生的同理心程度大約下降四〇％。」康拉斯表示。

更令人擔憂的是，根據美國聖地牙哥州立大學心理學教授珍・圖溫吉（Jean Twenge）的研究，相較之下在同一時期內，大學生自戀程度的變化正好相反，呈現直線飆升的趨勢。「很多人認為現在的大學生是『唯我世代』（Generation Me），「他們是近代史中最以自我為中心、最自戀、最好勝、最自信，也最有個性的世代之一。」康拉斯說。

難怪，英國前武裝部隊司令丹納特勛爵（Lord Dannatt）最近大力主張，應對入伍新兵進行「道德教育」，將這部分列入基礎訓練，因為很多新兵嚴重缺乏基本核心價值觀。「新世代不像前幾世代那樣，受過傳統價值觀的洗禮，所以我們覺得有必要為他們制定道德基準。」丹納特解釋。

以前人們總是說，不受管教的孩子就送到部隊去。但現在，這種做法再也行不通，因為部隊裡已經有夠多這種難纏的傢伙。

至於社會價值觀淪喪的確切原因，目前我們還不清楚。跟其他大多數問題一樣，環境、榜樣和教育等種種複雜因素，全都有影響。不過，我們或許可以從更根本性的回答，也許可以從傑佛瑞・札克斯（Jeffrey Zacks）及其於美國聖路易華盛頓大學動態認知實驗室團隊的研究中，開始得到更根本的答案。

在功能性磁振造影技術的協助下，札克斯團隊研究許多受試者在閱讀故事時，大腦內部深層結構的變化。他們的發現提供一個有趣的見解，讓我們瞭解人類如何建構自我意識。人們在閱讀到書中人物位置改變時（比方說，人物從屋裡走到街上），大腦跟空間定位和感知有關的顳葉區，活動就會增強；在閱讀到書中人物所持物體的位置變化時（比方說：拿起一支鉛筆），大腦額葉區的活動也出現類似的增強情況，通常額葉區就是負責控制抓握動作。不過最重要的是，書中人物在目標上的變化，會引發前額葉皮質區的活動增強。前額葉皮質區的損害會破壞人們對其所計畫及意圖行為的順序和結構的認知。

看來，想像力果然威力驚人。這項研究的首席研究員妮可・史畢爾（Nicole Speer）

2 「人際反應指數」是一個標準化問卷，內容包含「我經常關心比我不幸的人」和「我做決定前會考慮每個人的反對意見」這類項目。

說，「我們在看故事時會融入其中，所以我們『用大腦模擬故事中每個新的情境』。然後，大腦會依據我們在現實生活中的知識和經驗，將這些新出現的情境，交織成一個心智動態整合的生動畫面。」

閱讀可以在大腦皮質區上，開闢新的神經路徑，改變我們看待世界的方式。如同尼可拉斯・卡爾（Nicholas Carr）在最近發表的論文〈讀者的夢境〉（The Dreams of Readers）中所說，閱讀讓我們「更在乎別人的內心生活」。我們變成吸血鬼，但是不會去咬人。換句話說，我們變得更有同理心。閱讀帶給我們的全新體驗，是偶而沉迷網路和多變虛擬世界所無法提供的[3]。

有罪無罰

回到我跟海爾在蒙特婁的會面，我們又喝了一杯威士忌。在討論同理心和角色取代的話題時，我們談起「神經法律學」（neurolaw）的出現。神經法律學是由於法院對神經科學尖端領域興趣日增，進而發展出的子學門。二〇〇二年發表了一份對神經法律學方面深具分水嶺意義的研究。這項研究在神經傳導代謝基因中，發現一種功能多態性，可預測童年受虐的成年人之人格病態行為。這個問題基因就是稍早提及，媒體所說的「鬥士基因」，這種基因控制單胺氧化酶A的分泌。在此之前，人們認為老鼠的攻擊行為，就跟這種氧化酶分泌不足有關。

倫敦國王學院精神病學研究院的阿弗夏隆．卡斯比（Avshalom Caspi）和特瑞．莫菲特（Terrie Moffitt）進行一項具有開拓性的研究。他們評估人類在兒童、青少年、成年等時期的狀況，並發現跟老鼠實驗的結果類似。在兒童時期遭受虐待或忽視的人，而且本身帶有導致單胺氧化酶A分泌過低這種基因變異者，成年後變成有暴力傾向人格病態者的風險就隨之增加。相反地，童年經歷相似，但單胺氧化酶A分泌較多的人，卻很少出現這類問題。

這項發現也影響到法院判決，日後或許會徹底改寫犯罪與懲罰的根本原則。我們是「好人」還是「壞人」，有部分取決於我們的基因，有部分取決於我們的環境。但是，因為這兩項因素我們都無法選擇，那麼我們究竟有沒有選擇的自由？

3 根據英國國家識讀基金會（National Literacy Trust）於二〇一一年的一項調查，英國十一到十六歲的兒童中，一本書也沒有的比例竟然高達三分之一，而二〇〇五年時這項比例僅為十分之一。這表示在當今的英國，總共約有四百萬名兒童沒有書。在接受調查的一萬八千名兒童中，有將近五分之一的人表示，他們從來沒有收過書籍禮物，而且有一二%的人表示，他們從來沒有去過書店。

二〇〇六年，布拉德利・華卓普（Bradley Waldroup）的辯護律師懷利・理查森（Wylie Richardson）傳喚范德比爾特大學精神病學法醫威廉・柏奈特（William Bernet）為證人。柏奈特此行身負重任。華卓普被指控為田納西州史上最殘暴慘案涉嫌人。跟他分居的老婆帶著四名子女，在朋友陪伴下前往拖車屋看他時，華卓普說自己「突然抓狂」。他拿起〇・二二口徑的步槍，往老婆友人背後打出八個洞，然後用刀劈開她的頭。接著，他拿著刀衝向老婆，砍下她的一根手指又連砍數刀，之後還拿起鏟子把她打到不省人事。

出乎意料的是，華卓普的老婆竟然生還，但她的朋友卻不幸身亡。這意謂著，要是法院認定華卓普有罪，他就會被判死刑。

理查森不這麼想，他問柏奈特：「被告是不是帶有單胺氧化酶A分泌不足的基因變異？」

「是的。」柏奈特回答道。

「被告小時候是不是經常被父母毆打？」

「是的。」柏奈特回答道。

「那麼，站在你面前的這個人對他自己的行為，應該負起怎樣程度的責任？」理查森接著說，「他的基因定性對他的自由意志，產生多大的影響？」

這個破天荒的問題就能決定華卓普的死活，這問題的回答直接影響華卓普的判決。結果，這個問題得到的回答一樣破天荒。法庭認為，被告方面的辯護足以免除華卓普一級謀殺罪名，改判蓄意殺人罪。最後，這個案子也足以創造歷史，是史上頭一遭藉由行為基因學讓被告免於死刑的案例。

神經法律學的出現，是因為人們對文化神經科學領域的廣泛討論：在時間和文化的演變下，社會價值觀、實務和信念如何影響基因、神經和心理過程，並且反向受其影響。我納悶的是，如果社會人格病態日益嚴重，是不是有一種基因正在發揮作用，製造出更多人格病態者？或者就像平克在「尊嚴文化」理論的闡述，這種社會習俗和道德觀念愈來愈社會化，最後就演變成人類的第二天性？

海爾認為可能兩方面的原因都有：現在，人格病態有瘋狂蔓延的趨勢。人格病態愈蔓延，人格病態者的行為就顯得愈正常。海爾還提到主流基因學的一個新興領域——表觀遺傳學（epigenetics）。簡單講，這個學門不僅研究基因活動變化對基因編碼的影響，還研究其對後代遺傳的影響。基因表現的這些模式，受到基因組織最上層的小「開關」所控制，像飲食、壓力甚至出生前的營養等環境因素，都是透過它來影響基因，而不是藉由複雜的內部重組發生作用。這些環境因素在遺傳過程中搞鬼，打開或關掉你的基因，所以遺傳自祖先的基因，時而顯性表現出來，時而隱性無法作用。

海爾跟我談到瑞典在一九八〇年代進行的一項研究。在十九世紀上半期，瑞典北部奧佛卡利克斯（Overkalix）這個偏遠小鎮的收成連年嚴重歉收，豐收年和歉收年相互交替。

在仔細研究精確無誤的農業檔案，並從後續國民健康記錄資料比對後，科學家們發現一個很值得注意的事：某種流行病遺傳模式徹底改變基因科學。

研究結果發現，在歉收年度過青春期前期[4]的人，他們的後代死於心血管疾病（例如：中風、高血壓或冠臟動脈問題）的可能性減少。然而，在豐收年度過青春期的人，他們的後代罹患糖尿病相關疾病的風險則提高。

這項研究結果實在讓人難以置信。沒有任何直接媒介，後代子孫的心血管和內分泌狀況，就被老早前祖先時期偶然發生的生態變化決定了。而且那時，後代子孫甚至還沒有出世。

我試著把一切兜在一起，包括平克和他主張的文化權威、博迪和他的企業霸主，以及表觀遺傳學現象等等。我問海爾：「所以，有沒有可能是人格病態者轉動上帝的骰子，隨著時間演變，現在我們當中有愈來愈多人因此受到牽連？」

海爾又點了兩杯酒。

「不只那樣，」海爾說，「就像你說的，隨著時間演變，如果表觀遺傳學開始從中作祟，後代子孫出現人格病態特質的機率就愈來愈高。沒錯，人格病態中有些人格特質，跟社會領袖的特質不謀而合。這些人一旦當上領袖，當然會讓其他人格病態者跟著活躍起來。舉例來說，看看華爾街的情況就知道，這種模式是從上而下。只要那些人坐穩龍頭寶座，就等於幫最適合這種環境的人開路，讓他們能夠獲得拔擢。一九六〇年代時，作家艾倫·哈林頓（Alan Harrington）認為，人格病態就是人類演化的下一步。當社會步調日漸加快，結構日漸鬆散，這就是物競天擇的下一個把戲。或許哈林頓是對的也說不定，但現在我們沒辦法判斷這種說法對不對。不過可以確定的是，世界各地的基因實驗室正在進行一些有趣的研究。

「我之前有沒有跟你提過這篇論文？內容提到睪固酮濃度高的人跟血清素傳導基因上有長等位基因的人，他們在面對社會壓力時，杏仁核就出現抑制反應。

「那就是一種潛在的人格病態基因，會讓人變得攻擊性極強，而且膽子超級大。」

4 這裡說的青春期前期，更確切地說就是緩慢生長期（Slow Growth Period, SGP），是指青春期開始前那段時間，環境因素對人體的影響很大。對男孩來說，這個關鍵時期通常在九歲到十二歲之間。

冷血殺手的眼角膜

我看了一下手錶，時間剛過九點，酒吧人潮漸多，店內正在播放「廣告」（The Adverts）樂團唱的〈透過蓋瑞·吉爾摩的眼睛看〉（Looking Through Gary Gilmore's Eyes）。這是後龐克時期的歌曲，歌手唱著透過吉爾摩的眼睛究竟能看到什麼。這問題很有趣，只有某人知道答案。在被處決前，吉爾摩要求捐出眼睛作移植用。因此便遵照他的遺願，在他死後幾個小時內，把角膜移植給兩名需要者。

吉爾摩當然是犯罪史上最人格病態的犯人之一，他是那種「混音台」上所有旋轉鈕都調到最大、很罕見的超級人格病態者。一九七七年一月，這名原本在賣鞋的美國人，被一支行刑隊帶到猶他州偏遠小鎮德雷帕（Draper）執行死刑。前一年七月，吉爾摩在離這個小鎮幾哩路的加油站，不明就裡地開槍打死加油人員，之後還跟女友去看場電影。隔天，他又大開殺戒，近距離朝著汽車旅館職員的頭部開槍。

六個月後，吉爾摩吃完有漢堡、雞蛋和洋芋的「最後晚餐」，就在猶他州監獄接受死刑。行刑隊一共有五個人，典獄長用皮繩繫緊吉爾摩的頭部和胸口，在他心臟上方固定一塊圓形靶心布巾，然後走出行刑室，把臉貼在觀察室冰冷透明的玻璃上。

現在正是執行前的最後幾分鐘，絕對不會出現暫緩執行的奇蹟，加上當時在德雷帕這種地方，這種事根本沒發生過。況且，吉爾摩幾個月前就放棄上訴。他向辯護律師說，他想死。

時間是早上八點，行刑隊舉起步槍。依照慣例，典獄長在給吉爾摩套上黑色頭罩前，問他還有什麼話要說。

吉爾摩眼睛直視前方，眼神比電影大白鯊還要冷酷，就像死亡的雷聲正在他的靈魂裡隆隆作響。

「動手吧。」他說。

酒吧裡那首透過吉爾摩眼睛去看的歌曲播完了，我轉身若有所思地看著海爾。「透過吉爾摩的眼睛看世界，不知道會是什麼模樣？」我說。「說真的，如果有人能讓你當一個小時的瘋子，你會接受嗎？」

海爾笑一笑，故意拉長語氣說：「我現在也許會接受，我年紀都一大把了，不過他們得先從我身上，把我的跑車鑰匙拿走才行！」

我們喝完酒就道別。這首歌讓我思緒奔騰，我走在蒙特婁的老舊街道上，腦子裡出現一個瘋狂構想。認知神經科學家卡里姆的研究怎麼樣呢？他利用經顱磁刺激技術，破壞主導人們道德決策的前額葉皮質區，讓人們更擅長說謊。如果你有辦法把「混音台」上的一個旋轉鈕調大，那為什麼不多調幾個呢？

改造性格

經顱磁刺激技術在一九八五年，由安東尼．巴克（Anthony Barker）及其在雪菲爾大學（University of Sheffield）的同事首創。但是，這項技術其實老早就出現。其實，從一七八〇年代起，也就是比巴克早了二百多年，就出現利用電刺激神經和肌肉的科學。當時義大利解剖學家暨醫師路易吉．伽凡尼（Luigi Galvani）跟另一位義大利人亞歷山卓．伏特（Alessandro Volta），兩人在解剖青蛙腿時，利用一個簡單發電機，發現神經不是像笛卡兒推測的輸水管線那樣，而是在神經系統內傳導資訊的導電體。

此後，該領域的研究開始突飛猛進。巴克和他的團隊首次應用經顱磁刺激技術，藉由刺激肌肉引起簡單收縮，提出一個初步論證，說明從大腦運動皮層到脊髓的神經脈衝。現在，這方面的研究又是一番新風貌，不管是診斷和治療能力，從憂鬱症、偏頭痛、中風到帕金森病，經顱磁刺激在神經科學和精神病學的許多領域上，都有廣泛實際的應用。

經顱磁刺激技術的主要假設是：大腦利用電脈衝訊號維持運作，所以我們有可能藉由改變電脈衝環境，來改變大腦的運作方式。經顱磁刺激的標準設備包括一個強力電磁體和塑膠材質製成的刺激線圈。在進行實驗時，將電磁體固定在頭皮上，依照事先設定好的頻率產生穩定的磁場脈衝，磁脈衝藉由線圈穿過顱骨，傳導到大腦不同的目標區域，刺激位於下方的大腦皮質區。

現在，我們對人格病態者的其中一項瞭解就是，他們腦部「電燈開關」的連接方式跟一般人不太一樣，其中特別受影響的是杏仁核。杏仁核位於大腦中央，大小猶如一顆花生米。我們從先前的論述得知，杏仁核是大腦的情緒指揮中心，控制著我們的情感空間，影響我們對事物的感受。但在人格病態者身上，這個情感空間中與恐懼有關的部分卻是空白的。

如果以電燈開關做比喻，經顱磁刺激或許可以說是一種亮度調節器。我們在處理資訊時，大腦會產生微小的電子訊號。這些訊號不但會透過神經傳導控制我們的肌肉，也會深入大腦，產生想法、記憶和感受。藉由經顱磁刺激精確定位大腦皮質區的特定區域，並透過釋放電磁流，我們就能改變這些訊號的強弱，協助或抑制它們的群聚過程。

當然，如果像卡里姆及其在德國杜賓根大學（Tubingen）的同事那樣，把杏仁核這個大腦控制道德決策區域的訊號強度調低，你就能為別人進行「人格病態改造」。實際上，楊蓮（Liane Young）跟她在美國麻省理工學院的團隊做出更深入的研究證明，在正確的顳頂交叉點應用經顱磁刺激技術，讓這區域內部一個特別的神經迴路受到刺激，這樣不但能大幅影響人們的說謊能力，也會讓道德推理能力大受影響，尤其是歸咎他人行為的意圖。

我打電話給老朋友安迪．麥克納布（Andy McNab）。當時他正在沙漠度假一週，騎著哈雷 V-Rod 重型機車在內華達州四處奔馳。

「沒戴安全帽！」他大聲地說。

「嘿，安迪，回來後找點刺激的事做做如何？」

「當然好啊，是什麼刺激的事？」他喊道。

「我們一起去實驗室做測試，看看誰比較冷酷無情，結果是我把你打敗，你覺得怎麼樣？」

電話那頭傳來一陣狂妄的笑聲。

「好主意，就這麼說定了！凱文，這根本是小事一樁。不過，你這該死的傢伙，你怎麼知道自己贏得了我？」他說。

「簡單嘛。」我回答道。

敢拼才會贏

我的老友安迪・麥克納布究竟是什麼來歷，我先花點篇幅介紹一下。在二〇〇五年哈利王子於伊頓中學高舉馬球鎚之前，安迪堪稱是英國最出名的軍人。在第一次波灣戰爭期間，安迪指揮英國特種空勤隊（Special Air Service）的B20敢死隊（Bravo Two Zero，代號B20），這支由八名特種士兵組成的特遣隊要執行的任務是，利用巴格達和伊拉克西北部的地下聯絡網搜集情報，追蹤並破壞伊拉克在這個區域內主要供給路線上的飛毛腿飛彈發射器。

但是，不久後這些特種部隊士兵就有更重要的事要做。他們潛入該地區幾天後，就被一位牧羊人發現他們的行蹤。所以，他們採取最古老的做法，徒步穿越一百八十五英哩的沙漠，走向敘利亞邊境。

但是在八名隊員中，只有一人成功穿越沙漠。三名隊員被殺，包括安迪在內的其他四名隊員，在途中不同地點遭到伊拉克部隊俘虜。不過，他們被俘虜期間受盡虐待，不是被菸蒂戳脖子，就是被AK-47機關槍槍托撞爛下巴。不過，那些伊拉克人後來可沒像安迪這些人那樣，成為談話節目上的名嘴和年度風雲整型人士。多虧英國科技先進，現在安迪的下巴和牙齒經過多次整型已經恢復原貌。一九九一年，安迪到白金漢宮接受女王頒發傑出服務獎章。

這個獎章只是為安迪成名揭開序幕。一九九三年，安迪把這次特遣任務的故事出版成冊，鉅細靡遺地寫成令人毛骨悚然的情節。這本書是依照現代軍事回憶錄的題材和形式來撰寫。以當時特種空勤隊指揮官的話來說，B20 敢死隊「將列入軍團史冊永垂不朽」。這可不是在開玩笑。其實，B20 敢死隊現在已經成為文化史的一部分，而安迪也為自己樹立個人品牌。

幾年前我搭晚班飛機去澳洲雪梨，途中飛越阿富汗上空。飛機下方是興都庫什山脈群峰間令人看了頭皮發麻的黑暗深淵。我看到雲層下方的地面上散布微弱光點。我心想，他們究竟是誰啊？是古老游牧民族的牧民，還是藏匿在此的塔利班獨眼軍隊？

就在這個時候，機長打開內部通話器。「坐在飛機右手邊的乘客，」機長用一種特殊的語調說道，「特種空勤隊正在下面用筆電寫暢銷書，你們往下瞧瞧，應該看得到他們的筆電。」

飛機上的乘客都笑了，安迪要是在場也會跟著笑。但我覺得，我們當時正從他的頭頂上方飛過。

安迪給人的第一印象就是，他什麼都不怕，既不信邪，也沒什麼好擔憂的。

我們初次見面是在倫敦橋地鐵站，當時他跟我說：「他們發現我時，我才剛出生幾天，那地方就離這裡不遠，在蓋伊醫院（Guy's Hospital）的台階上，躺在哈洛德百貨的袋子裡。」

「你在開玩笑吧？是真的嗎？」我說。

「是真的，我講的都是實話。」他說。

「胡說，太不可思議了！我覺得你更像是折扣賣場裡叫賣的推銷員。」

「你這厚臉皮的混蛋！說得好，我喜歡。」他吼道。

我跟安迪一起搭檔在BBC主持廣播節目，節目名稱是《超極說服術》（Extreme Persuasion）。我很想知道特種空勤隊的成員，是否有某些人格病態特質，比方說：天不怕地不怕。後來，結果果然沒有令我失望。如果你正打算加入特種空勤隊，那可要仔細聽好。但如果你的家世有問題，那你最好打消念頭。

「進入軍營，你最先注意到的就是插科打諢，」安迪跟我說，「這種玩笑是家常便飯，每個人無時無刻不挖苦別人、戲弄別人。就像軍隊裡的大多數事情一樣，這樣做當然是有原因的。如果有天不幸被人俘虜，你就要懂得『偽裝』。你要裝得很累，又要裝得不累。要讓審問你的人覺得你什麼都不知道，讓他們以為你對他們一點用處也沒有。

「如果抓你的人很精明，他們會開始找出你的弱點。他們會注意你最細微的反應，包括表情和眼神的細微變化，這些都可能透露你真實的心理狀態。要是他們發現什麼，就會這麼說：『好了，老兄。遊戲結束。我可告訴你，要是你對自己老二的大小不滿意，那伊拉克審問室可不是你脫褲子檢查的好地方。』

「所以在軍營裡，一切都是公平遊戲。就連玩笑辱罵也都有目的。這是增強心理免疫能力的有效方式。就像打預防針一樣，萬一你被俘虜，你就能臨機應變。如果你明白我說的話，就會知道這種做法看似錯誤，其實卻很正確。還有，你也知道，故意激怒別人就是上上之策，不是嗎？」

沒錯，我想也是。不過，精神上的強悍並不是特種士兵和人格病態者的唯一共同點。他們什麼都沒在怕。幾年前某個春天的美妙早晨，在雪梨邦迪海灘一萬兩千英呎的高空中，我第一次嘗試跳傘。前一晚，我在海灘酒吧裡莫名地害怕起來，於是我發一則簡訊給安迪，請他給我一點建議。

「眼睛睜大，屁股縮緊。」他這麼回覆我。

「我以前就這樣跳傘過，不過當時是在夜間高空跳傘，而且是在戰場上。跳傘高度是你的兩倍，身上還帶著重達二百磅的裝備，跟一般跳傘完全是兩碼事。如果這樣說還沒辦法安慰你，那我再告訴你，我一邊跳傘還一邊打鬧。就算在三萬英呎的高空中，我們還是一樣捉弄對方。」

「我們本來就愛打打鬧鬧，」安迪回憶到，「邊工作邊玩啊。跳傘時我們會把裝備丟下去，看自己能不能抓住裝備。或是在降落過程中，從背後抓住對方來個熊抱，嚇嚇人，看誰最先擺脫對方，打開降落傘，真是好玩極了。」

是喔，安迪，你說了算。但是，殺人可就沒這麼有趣。我問安迪，他是否曾經對自己以前做的事情感到後悔。他在世界各地執行過許多祕密任務，殺過很多人。

「沒有，」他用冷冰冰、不帶一絲情緒的眼神（就跟罪犯一樣冷酷）和實事求是的語氣回答我，「你根本不用多想。當你身處敵營，最主要的目標就是在對方之前扣下扳機。完成殺人任務後，馬上走人。就這麼簡單。幹嘛還愣在那裡回想自己剛才做了什麼？不然下一秒，你的腦袋就可能被子彈打爆。」

「軍隊的至理名言就是，『敢拼才會贏』（Who dares wins）。不過有時候，只要說『去死吧』就行。」

危機處理的祕訣

這麼說吧，我們不難想像，這種精神穩定狀態，這種問心無愧的沉著鎮定，在特定困境下確實能派上用場，有時還能讓人倖免於難。柯林．羅傑斯（Colin Rogers）是安迪的戰友，他曾是英國皇家特種空勤隊突擊隊員。羅傑斯跟他的老戰友安迪一樣愛耍把戲，在一九八〇年的「寧祿行動」（Operation Nimrod）中，曾輕輕敲打伊朗駐英大使館的窗戶。從祕密爆破行動留下的大火和殘屋碎瓦中，把恐怖分子拖出來時，特種部隊士兵不會想太多，尤其是肩上還掛著一支每分鐘能打出八百發子彈，且誤差經常只有毫米之差的HK MP5衝鋒槍。這時最重要的是，找到一個沒有障礙的射擊點，然後衝過去就定位，全神貫注，保持冷靜，鎮定地扣下扳機，不能有絲毫猶豫。

顯然，其中的訣竅就是冷靜沉著。不只要在緊急關頭表現冷靜沉著，在全程都要泰然自若。這跟一開始就不要激動有關。

「可是，遇到這種狀況，你當然會興奮，」羅傑斯在他位於倫敦東區、生意興隆的酒吧跟我說，「這是你多年來，每天訓練六、七個小時的成果。這跟駕駛差不多，每次的路程都不一樣；但是在大多數路況下，你可以應付自如，你已經養成一種自然反應。沒錯，你是運用自己的判斷，但這也是訓練的結果。如果你沒有親身經歷過，那就很難解釋。就好像你對周遭一切更提高警覺，但在某種程度上，你宛如置身事外，像電影觀眾那樣看著自己正在做的事。」

羅傑斯說的對，不只在衝進大使館時是這樣。還記得前文中提到那位外科神經醫師說的話嗎？「這種興奮不但不會讓人知覺麻痺，反而會更加敏銳，」這是他在進行高困難度手術之前，要先秉持的心態。事實上，在任何危機事件中，最後能成功脫困者，通常是能夠保持冷靜那種人。他們既能應對突發情況，同時又能保持某種程度的超然客觀。

拿我採訪美國特種部隊教官的部分採訪稿為例。我向教官詢問，具備怎樣特質的新兵，才能在世上最嚴格的體能和心理狀態篩選過程脫穎而出，最後如願加入海軍海豹突擊隊（也就是獵殺賓拉登的特種部隊）。

我們用盡各種辦法，要搞垮這個傢伙。其實坦白說，我們對他比對別人更嚴厲一些。這對我們來說也是挑戰，況且我們心裡都很清楚，他承受得了。他十一歲時就成了孤兒，之後就不學好，靠自己的小聰明養活弟弟和妹妹。他四處偷竊、不擇手段做盡非法勾當。十六歲時跟人打架，把人打到昏迷不醒，才被抓進警局。

白噪音（音頻相同的雜訊）、剝奪睡眠、感覺剝奪、斷水、要他做會肌肉疲勞的姿勢……我們對他用盡所有招數。四十八小時後，我拿掉他的眼罩，把臉湊到離他只有幾英吋的地方，衝著他大吼說：「你有什麼話想對我說嗎？」

我很驚訝，其實是失望，因為這個傢伙實在太頑固了。到這個階段，我們願意讓他通過測試，他表示同意。他也有話想說。

「想說什麼？」我問道。

「老兄，你大蒜吃太多了，以後少吃點兒。」他說。

在我十五年的教官生涯中，那是我唯一一次卸下心防。就在那一秒，那稍縱即逝的瞬間，我笑了。我忍不住笑了出來，我真欣賞這傢伙。你知道嗎？就在那難受到不行的狀態下，這混帳傢伙竟然看到我瞬間的微笑！他把我叫回去，湊到眼前，用一種要把我看穿的眼神盯著我瞧。我不知道他是不是在挑釁我，誰知道呢？

「遊戲結束，」他在我耳邊輕聲說，「你輸了。」

什麼？我還想跟他說他輸了呢！就在這個時候，我們知道他就是我們說的「堅不可摧」的硬漢英雄，是硬漢中的硬漢。

但他是一個冷酷無情的壞蛋，我不知道他究竟有沒有良知，但我從來沒有看過。他冷若冰霜，殺人不眨眼。但是在我們這一行，這種性格未必是什麼壞事。

實驗室裡的狂人

安迪說到做到，經過長途跋涉，在十二月某個嚴寒早晨，來到英國艾塞克斯大學（University of Essex）的大腦科學研究中心。我們在門口遇見尼克．庫柏（Nick Cooper）博士，接下來幾個小時裡，就由他來折騰我們。庫柏是經顱磁刺激技術的全球頂尖代表人士之一。從他那天早上的表情看來，你很可能會以為他拿自己做實驗，完成大多數的研究。

庫柏帶我們進入實驗室。一進門就先看到二張並排放置的高椅背皮椅。椅子旁邊放了世上最大的工業紙巾捲筒。我知道這些紙巾要做什麼用：把腦電圖掃描儀電極上多餘的導電凝膠擦掉。接著庫柏馬上就會把腦電圖掃描儀的電極貼到我們頭上，收集我們腦內的訊號。這時安迪還在猜想究竟怎麼回事。

「天啊，」他指著這卷超大號的紙巾捲筒說，「衛生紙要用到這麼大捲的話，我現在就要走人了！」

庫柏帶我們走到椅子旁邊，要我們坐下並把我們固定好。他在我們身上接上各種線材，連接到心率監測器、腦電圖掃描儀和膚電反應測試儀上。膚電反應測試儀是用來測試不同壓力水準時，膚電活動所產生的變化。等他弄完後，我跟安迪就像被困在一個大型通訊接線盒裡面。我覺得貼在頭皮電極片上的凝膠有點涼，但是安迪並沒有抱怨。他終於搞清楚那個超大號紙捲筒的用途了。

在我們正前方，距離大約十英尺的牆上，有一個大螢幕。庫柏打開開關，螢幕隨即亮起來。接著，他穿上實驗室白袍。房間裡播放音樂，我們眼前出現湖面漣漪般柔和的微光。

「搞什麼啊，」安迪說，「這看起來好像成人紙尿布的廣告。」

「好了，」庫柏說，「你們聽我說。現在，在這個螢幕上，你們會看到一個平靜悠閒的景象，伴隨著讓人放鬆的音樂。這是為了確立心理測試狀態的基準線，以便測量你們接下來出現的心理激動強度。

「但是在接下來的六十秒內，螢幕上的圖像會發生改變，會出現一些完全不同的圖像。這些圖像非常暴力，而且令人作嘔，因為畫面相當生動，所以會讓人感到不安。

「觀看這些圖像時，你們的心跳速率、膚電活動和腦電波活動都會受到監控，並跟目前平和狀態的數據做比較。有沒有什麼問題？」

我跟安迪都搖搖頭。

「滿意嗎？」

我們點點頭。

「好吧，」庫柏說，「那我們就可以開始測試了。」

庫柏消失在我們背後，我跟安迪高興地觀賞那支像紙尿布的廣告。後來結果顯示，在等待圖像變化這段時間，我跟安迪的心理測試結果其實相當類似。在等待圖像出現前，我們的心跳都比正常休息時的速率高出許多。

但是，當庫柏拉動控制桿或其他啟動螢幕圖像變化的開關時，安迪的大腦某處馬上開啟一個過載保護裝置。這位冷血的英國皇家特種空勤隊士兵，隨即進入作戰狀態。

當螢幕上出現肢解、斷肢、酷刑和斬首等逼真畫面時，安迪後來承認說，他當時甚至能夠「聞到」血腥味，那是一種濃稠的甜味，讓你永遠也忘不了的味道。伴隨這些血腥畫面的音樂，不再是先前柔和的輕音樂，而是刺耳的警報聲和嘶嘶作響的白噪音。這時，安迪的心理測試數據開始回落，心跳開始變慢，膚電反應活動頻率也開始下降，腦電波也迅速減弱。其實，在播完圖像後，安迪的三項心理測試結果都低於一開始的基準水準。

庫柏從沒見過這種事。「他好像已經準備好應付挑戰似的，」庫柏說。「然後，等到挑戰（這些圖像）出現時，他的大腦似乎突然開始往血管裡注入液態氮，立即形成一個神經隔離層，把所有過分激動的情緒都隔絕在外。就像出現萬分緊急的狀況，馬上進入全神貫注的備戰狀態。」

庫柏搖搖頭、滿臉困惑。「要不是我親自記錄測量數據，我真不敢相信這些數據。」庫柏繼續說道：「以前我從來沒有測試過特種部隊的士兵，所以我本來以為他的反應可能跟正常人只有些微差異。但是這傢伙竟能控制自如。他全然投入實驗，但從測試結果看來，情緒卻絲毫不受影響。」

這個結果跟海爾先前的發現一樣：這些數據反常到讓你不禁懷疑，怎麼可能會有人出現這種測試結果。

至於我的心理測試數據結果，不用說也知道，一點也不酷。我的數據高到差點破表。在等待血腥畫面開始時，我的測試數據跟安迪的測試數據一樣，都高出基準線許多。但是，當螢幕上的畫面愈來愈血腥時，我的心跳速率不但沒有下降，反而大幅飆升。

「至少這說明了我們的設備運作正常，」庫柏說，「你是正常人。」

我們盯著安迪看，他正在一堆監控器旁邊，跟庫柏門下幾名博士班學生聊天。天知道這傢伙是什麼做成的。他們剛剛分析庫柏的數據，他頭髮上還殘留一些電極凝膠，看起來好像在風洞裡的拳擊手唐·金（Don King）。

而我呢？還因為剛才看到的血腥畫面驚魂未定。我覺得既噁心又緊張不安，雙腳甚至站不太穩。或許就像庫柏說的，我在雷達螢幕上顯示為正常，指針刻度盤也證明我是正常人。只是我縮在這個儀器四處作響、燈號不停閃爍的辦公隔間裡，盯著電腦螢幕上的資料看，當然不覺得自己很正常。

我跟安迪在實驗結果上的差異，讓我覺得很難堪。我的腦電波圖跟紐約的天際線差不多，這些直方圖就像一棟接一棟，此起彼落的都市摩天大樓景色；安迪的腦電波圖則像是印度洋海島上，修剪得宜的美麗高爾夫球場，不但走勢低平，更神奇的是，還出現莫名的對稱。

「您很好奇，不是嗎？」我轉身跟庫柏說，「正常情況究竟是怎樣？」

他聳聳肩，把電腦重新開機。

「或許你馬上就會找到答案。」他說。

人格病態者的作風

實驗結束了，安迪先去這附近一間豪華飯店等我，稍後我再跟他會合，一起聽取測試結果簡報。但是，我還要再接受一次折磨，這是實驗的第二階段。在這個階段，經過「人格病態改造」的協助，我將再次體驗暴行、殺戮和鮮血這類影像刺激腦部的感覺。只是這次，我的腦部反應截然不同。多虧卡里姆和楊蓮在進行道德決策實驗所用的相同治療，也就是經顱磁刺激技術的輔助，把我暫時變成瘋子。

「人格病態改造的效果確實會慢慢消退，不是嗎？」安迪笑著說，「飯店裡的人可不想看到兩個瘋子同時出現在酒吧裡。」

「這項治療的效果會在半小時內消退。」庫柏一邊說一邊把我帶到一個特製的牙醫椅上。這張椅子裝有頭枕和下巴托墊，還有固定頭部的皮帶。「把經顱磁刺激想像成一把電磁梳，把腦細胞和神經元當成頭髮。經顱磁刺激只是把「頭髮」往某個特定方向梳，把這些神經梳成一種『髮型』。跟任何新髮型一樣，要是你不好好維持的話，很快就會恢復原本的髮型。」

我開始出現幻覺，安迪的臉變成一張圖片。我究竟在哪裡？是在實驗室，還是在髮廊？

庫柏讓我坐在一張看起來很詭異的椅子上，還拍拍我的肩膀，我覺得頭皮有些發麻。他把我固定到椅子上時，我看起來就像是人魔漢尼拔。接著，他把經顱磁刺激線圈放到我的頭蓋骨中間，這些線圈看起來就像一把大剪刀。然後，他啟動機器。

我馬上覺得自己腦袋裡好像有個小矮人兒，拿著斧頭不斷地往下鑿。我並不覺得這樣很痛苦，但我就是不想讓這小矮人繼續鑿下去，不想讓他在我的神經礦井裡面這樣挖掘。

「這是穿過你三叉神經的電磁刺激。」庫柏解釋說。「這是控制你臉部感官和一些運動功能的神經之一，控制你啃咬、咀嚼和吞嚥等動作。你可能感覺到這種刺激穿過你的臼齒，對吧？」

「對，」我點頭回答。

「我現在真正要找的，」他接著說，「是專門控制你右手小指運動的大腦皮質區。一旦確定這個區域，我們就可以拿它作為某種『大本營』，以此繪製我們真正想瞭解的腦部區域坐標圖，也就是你的杏仁核跟大腦皮質區中的道德推理區域。」

「嗯，你最好趕快處理，」我說道，「再讓我這樣下去，最後我就會勒死你。」

庫柏笑笑。

「天啊，」他說，「磁刺激一定已經發揮作用。」

當然發揮作用了，大約二十秒後，我感覺到右手小指，也就是庫柏說的地方不由自主地抽動。起初這種抽動很弱，後來抽動逐漸加強，不久我的右手小指很快就猛烈地抽動。這種感覺真不舒服，我在一間昏暗的小房間裡，還被綁在一張椅子上，知道自己無法控制身體的反應。這種感覺毛骨悚然，又覺得受到屈辱，失去判斷力……有點像讓擁有完全自由意志的人服下鎮靜劑，只是劑量還不夠。我唯一的希望就是，庫柏沒心情耍我。現在他手裡操控的設備，就算要我在實驗室裡後空翻，我也會乖乖照辦。

「好了，」他說，「現在我們找到需要鎖定的區域了。那我們就開始吧。」

當庫柏拿起古怪的神經魔杖放到我頭頂磁場上方時，我的小指就停止抽動。我坐在那裡一會兒後，前額葉皮層跟右邊顳頂聯合區受到電磁刺激。經顱磁刺激的穿透力不夠強，無法直接影響腦部掌管情感與道德推理的區域。不過，可以透過壓抑或刺激跟這些區域有關的大腦皮質區，讓經顱磁刺激對大腦產生更深層、更具穿透力的影響。

不久後，我就開始注意到一種更模糊、更全面又更真實的差異。在實驗開始之前，我一直對經顱磁刺激的效用時間感到好奇：我需要多久時間才感覺到電磁刺激？現在，我知道答案了：大約十到十五分鐘。我想，大多數人喝杯啤酒或葡萄酒後，大概也要花同樣的時間才會感覺到自己有點微醺。

電磁刺激的效果並不是一種全然陌生的感覺，我感受到一種自在隨意的自信，不再壓抑自己，我的主觀道德開始動搖，有種奇怪的精神意識不斷侵蝕我，好像在跟我說：「該死的，管他呢，誰在乎啊？」

不過，這其中有一個顯著差異。跟喝酒後的感覺相比，有一個明顯的區別就是：大腦不會那樣遲鈍。在電磁刺激後，人腦仍然保有原先的注意力和敏銳度，其實我甚至覺得更加強。這是一種無法抗拒的敏銳意識。沒錯，我覺得自己的道德感迷失，而缺乏良知。在經過六次經顱磁刺激後，進而連焦慮感也消失了。但是在此同時，我的全部感官好像讓陽光徹底洗滌過，我的靈魂（不管你用什麼字眼形容）沉浸在一種精神洗禮中。

於是我心想，這就是人格病態者的心理狀態吧。現在我正透過吉爾摩的眼睛觀察世界。在這種狀態下過活時，你知道自己不管說什麼、做什麼、有什麼過失、自責、羞愧、遺憾和恐懼，這些每天影響我們的熟悉感覺再也不會困擾你。

我突然覺得靈光乍現。我們談論性別、階級、種族、智慧和貪欲，但是人與人之間最基本的區別，一定是有沒有良知。當人們擁有一切，常會把良知拋諸腦後。如果一個人鐵石心腸，看到別人痛苦尖叫，連眼睛都不眨一下，這種人就算擁有一切，那又怎樣呢？

啊，更重要的是：這種暫時的人格病態改造，會不會讓我變得比安迪更冷酷無情？

我回到椅子上，再次套上剛才用過的線圈，聽著嘈雜噪音觀看螢幕。我把之前看過的恐怖影像再看一遍，不過，為了達到初次觀看的效果，螢幕上的畫面已經調整過。但是，這次測試的結果卻截然不同。我聽到自己這麼說：「我知道剛才看時，我覺得很噁心，但老實說，這次我竟然忍不住笑出來。」

測試儀器的指針和曲線印證我的告白。剛才實驗時，我的心理活動指針竟然沒有大幅偏移，腦電波儀器也沒有爆炸起火。我的大腦在經過人格病態改造後，腦部活動大幅減少。我的測試曲線或許不像安迪那樣平順，但看起來也算相當穩定，至少不像之前如同紐約此起彼落的摩天大樓景象那般了。

我的心跳速率和膚電反應結果也差不多。以膚電反應來說，其實我的測試結果已經打敗安迪。

「這是正式數據嗎？」我們檢查數據時，我這樣問庫柏：「我可不可以正式宣布，我比安迪更處變不驚？」

庫柏聳聳肩。「我認為，」他說，「不管怎樣，你現在是這樣沒錯。但是，你最好充分利用這段時間。你這種狀態最多只能維持十五分鐘。」

我搖搖頭，我已經感覺到自己身上那種神奇力量開始消退。電磁魔力開始慢慢消失，比方說，我現在就比剛才更加焦慮，也更沒有膽量走向庫柏的研究生助理那裡，邀她一起去喝酒。我反而是跟庫柏一起走去學生酒吧，打破自己玩GT（Gran Turismo）5賽車的記錄。但是這有什麼意義呢？不過是一場遊戲罷了。

「現在我可不想坐你開的車，你顯然膽子還很大。」庫柏說。

我確實覺得很棒，只是我現在不像在實驗室時感覺那麼好，也不覺自己「堅不可摧」。但我現在的確感受生活充滿無限可能，心情也豁然開朗。這週末我何必勉強自己去都柏林，幫老婆送丈母娘進養老院？我可以馬上走人，去格拉斯哥參加好友的告別單身派對？我為什麼不去做些平常不會做的事呢？幹嘛管別人怎麼想？我的意思是，情況再壞也不可能壞到哪裡去。到了明年，甚至是下星期這個時候，大家早就忘記發生過什麼事了。敢拼才會贏，不是嗎？

我從旁邊桌上偷偷拿走一些零錢，這是別人留下的小費，反正又沒有人知道。然後，我拿這些錢去兩台賭博遊戲機上試試手氣。我在《超級大富翁》節目（Who Wants to Be a Millionaire）[6]裡有過贏得十萬美元的機會，卻因為拒絕平分獎金，最終喪失大好機會。如果你玩過這種遊戲，你一定能玩得更好。當時，我要回答遊戲問題：《美國殺人魔》（American Psycho）的拍攝地點在哪裡？我認為是洛杉磯，但庫柏不太確定，後來我還是毫不猶豫地按下按鈕。

5 一種時興的模擬賽車電動遊戲。
6 源自英國獨立電視台的益智猜謎遊戲節目，許多國家現皆有當地版本播出。

答案應該是紐約。

「我還以為你能拿到獎金呢。」他笑著說。

接著，情況開始轉變，而且很快就起了變化。GT賽車第二回合的分數很難看，實在太令我失望了。我突然變得畏畏縮縮，還沒抵達終點就輸掉了。不僅如此，我看到牆角有監視器，想到自己剛才偷拿一些小費。為了安全起見，我決定把錢放回去。

庫柏看看手錶。他不用說，我也知道即將發生什麼事情。

「現在還比安迪更處變不驚嗎？」

我面帶微笑，把啤酒喝完。這就是人格病態者的作風，他們從來不會在某個地方久待。只要聚會結束，他們就會趕赴下一場聚會，他們不怎麼關心未來，更不在乎過去。

我想，我這個（二十分鐘前的）人格病態者也不例外。剛才我還開心得很，免費喝了一杯酒。但是現在，實驗結束了，那個我也開心上路，跟真實的我道別。

幸好，我跟人格病態者還差得遠呢。

我當然不希望自己「還在瘋狂狀態時」，去飯店酒吧跟安迪碰面。這「二個」人格病態者或許能處得來，但也有可能處不來。

說實在，我不知道這兩種情況究竟哪種比較嚇人。

第六章

成功致勝的七種人格特質

失敗者才會感情用事。

——福爾摩斯

勇闖精神病院

有一個笑話是這樣說的：想進布羅德莫精神病院容易，想出去可就很難。當然，這只是笑話，不是事實。

「裡面有什麼危險物品嗎？」櫃台小姐大聲問我。這時我已走進大廳，正要把裝了筆電、手機、鋼筆和我最信賴的格洛克 17 手槍（Glock 17）的公事包，寄放到塑膠玻璃寄物櫃。

「只有我的聰明才智很危險。」愛爾蘭劇作家奧斯卡．王爾德曾對美國海關人員這樣說過，這次我有樣學樣。

不過，看來這位櫃台小姐對我和王爾德都不感興趣。

「小伙子，你那點聰明才智根本不夠看，」櫃台小姐反唇相譏，「現在，把你右手食指按在這裡，抬頭看攝影機。」

一旦你通過布羅德莫精神病院的探訪安檢，就馬上有人帶你進入一個封閉的小空間，這是連接醫院大樓和大廳櫃台的臨時玻璃小屋。櫃台會廣播你要見的人，請他們過來見你。

接下來就是讓人緊張不安的等待，還有對密閉小房間的幽閉恐懼。我隨手拿起一本雜誌翻閱，提醒自己來這裡要做什麼，這件事起因於我推動「英國人格病態者調查」（**Great British Psychopath Survey**）後，收到的一封電郵。這項調查很特別，是首次針對全國勞動人口人格病態特質普及情況進行的調查。參加者直接登入我的網站，在線上完成《利文森人格病態自評量表》（*Levenson Self-Report Psychopathy Scale*），馬上就能知道自己的分數。但是，這項調查不只包括線上測試，參與者還必須輸入個人職業的詳細資訊。我很想知道在英國，究竟哪種職業人格病態者最多，哪種職業人格病態者最少。下表即為這次調查結果，看起來確實很有意思，對那些週日要參加一、二場佈道會的人來說，更是發人省思。

幾週後，我收到一位參與調查者寄來的一封電郵。他是一名專業律師，其實他是英國最優秀的律師之一，他在

人格病態者最多的職業	人格病態者最少的職業
1. 企業執行長	1. 看護人員
2. 律師	2. 護士
3. 媒體工作者（電視／廣播）	3. 心理醫生
4. 銷售員	4. 技藝人士
5. 外科醫生	5. 美容師／造型師
6. 記者	6. 慈善工作者
7. 警察	7. 教師
8. 牧師	8. 藝術家
9. 廚師	9. 一般醫生
10. 公務員	10. 會計師

電郵中列出這次調查的得分，分數之高讓我刮目相看。但是，對他而言，這件事一點也不奇怪，也沒什麼大不了。

「打從很小的時候，我就知道自己看待事情的方式跟別人不一樣，」他在電郵中寫道，「但是在大多數情況下，這種不同觀點，反倒成為我生活中的得力助手。人格病態（如果你想這麼形容的話）就好像現代生活的一帖良藥，適量服用對你很有幫助。因為脆弱的心理免疫系統無法提供我們完整的保護，人格病態卻能幫助我們減輕許多原本存在的痛苦。但是，跟其他藥物一樣，過量就會引發許多令人不適的副作用。」

這封電郵讓我陷入長考。這位知名刑事辯護律師講的是否有理？人格病態是不是「現代社會的一帖良藥」？在特定時刻、特定情況下適量攝取，在對應的人格病態混音台上將旋轉鈕稍稍往右調高一些，真的對我們有利嗎？

這種可能性很有趣，而且讓人直覺認為很有道理。我們先看看混音台上的這些旋轉鈕：無情、魅力非凡、專注、堅毅、無畏、活在當下和執行力。在人生的某個階段，把這些旋轉鈕稍微調高一些，誰不會從中受惠呢？重要的是，你必須有辦法把它們調回來。

我決定實際測試一下這個理論，並非推翻，但至少給予致命一擊。於是，我接連訪問幾家醫院及一些同行。但如果我自己去病房看看，情況會怎樣呢？要是我除了訪問醫生，也找一些病人聊聊，又會怎樣？假設我拿生活中的一些問題，那些平常我們在酒吧裡聊到的事來問問精神病患，他們會有什麼反應？到目前為止，這個主意似乎還挺不賴。

「請問是達頓教授嗎？」我的思緒被打斷，我抬頭看到一位年約三十五、六歲的金髮男子，站在門口打量我，「您好，我是理查德．布拉克，是帕多克中心（Paddock Centre）的一名主管。歡迎蒞臨布羅德莫，我帶您參觀，好嗎？」

我們出發了，空氣中瀰漫著一股藥味，我們在如迷宮般錯綜複雜的醫院裡穿梭，走過一個個相通的走廊和空蕩無人的前廳。就跟我進來的地方一樣，布拉克把這些地方稱為「安全氣泡」——布羅德莫精神病院的最高準則就是，先確定你背後的門鎖上了，才能打開你前面的門。接著，他更仔細地跟我說明，我們接下來要去的地方。

帕多克中心是高度專業化、封閉式的人格障礙治療中心，裡面有六間十二人的團體病房。在這裡住院的病人，其中約有二〇%可被稱為「徹頭徹尾」的人格病態者。這些病人被關在兩個專門病房區，也就是危險級與嚴重級人格障礙病房區，在此接受單獨治療並持續評估病情。其他病人就是所謂的群聚人格障礙患者——根據《病態人格檢測表修訂版》診斷，他們臨床症狀較為明顯，同時伴隨其他明顯的人格障礙，例如：精神失常、偏執和自戀等。有時甚至出現精神疾病症狀，像是幻覺和妄想。

我恍然大悟，自己即將進入的地方，可不是一般人會端著摩卡咖啡細細品味之處，而是一個良知淪喪的神祕巢穴，裡面都是一些開心暢飲義大利紅酒的病人，保存著精神病院裡最邪惡的神經化學物質。說實在的，這些病患的腦部運作就是在正常與瘋癲之間遊走。「約克郡屠夫」住在這裡，「史托克威爾扼殺者」也住在這裡。這間人格障礙治療中心可說是世上最危險的大樓之一。

「嗯，我進去不會發生什麼事吧，布拉克？」我輕聲問，這時我們右邊突然出現一個寬敞的戶外空地，空地圍幕上方布滿帶刺的鐵絲網。

布拉克笑著說：「不會有事的。其實，危險級和嚴重級人格障礙病房區的麻煩相對較少。人格病態者的暴力傾向是我們評估精神病症的主要參考。也就是說，在這種環境下，人格病態者的暴力行為大都可以預防。而且，就算有突發狀況，情況也很容易加以控制。普通精神病房的情況反而比較難預料。」

「事實上，就算跟其他人格障礙相比，精神障礙也比較容易應付。由於某種原因，精神障礙患者比邊緣型人格障礙患者和偏執狂更擅長處理日常事務。原因可能是他們不容易覺得無聊，他們喜歡給自己找樂子。」

「況且，」布拉克略帶指責地補充說，「現在轉身回去也太遲了，不是嗎？」

與邪惡共舞

「我們是邪惡的精英，」丹尼在切爾西球隊於六碼處漂亮踢出第二球射門得分時這麼說，「不要神化我們，但也不要反過來醜化我們。」

玩著Wii的丹尼瞄了我一眼，電玩遊戲和足球比賽兩邊都順利進行，現在切爾西球隊跟曼聯球隊的比數是二比〇。我在布羅德莫精神病院裡極為隱密的危險級與嚴重級人格障礙病房區，跟一群精神病患一起看球賽。

病房裡的氣氛跟我預期的不一樣。乍看之下，我以為這裡是設備齊全的大學宿舍。房裡擺放的都是光亮的金黃色木質傢俱，而且光線明亮。我發現裡面還有一張撞球桌，上頭桌竟然包著床單，要是能把今天火車票退了，我就在這裡待一晚。

拉里是個頭髮灰白、留著落腮鬍的胖子，他穿著有費爾島（Fair Isle）圖案的毛衣和寬鬆卡其褲，看起來像是受眾人喜愛的大叔。如果你晚上想出門，要找人看顧小孩，找他還不如找狠心到連家人都殺的希律王（Herod）。拉里對我使眼色，他不想看足球比賽了。

「你可知道，」他邊說邊跟我握手，用他那如月光般迷濛的雙眼盯著我看，「他們說我是布羅德莫精神病院最危險的人物之一。但我答應你，我不會殺你。走吧，我帶你到處看看。」

拉里帶我走到病房區最裡面，我們停下來參觀他的房間。他的房間跟你在一般醫院看到的單人病房差不多，只是多了一些東西，像是電腦、書桌、床上還有一個書架，上頭擺滿書籍和資料。

拉里可能發現我對眼前的景象深感好奇，所以他走近我一些。「我在這裡住了二十年，」他在我耳邊輕聲說，「那麼長的時間……」他清清喉嚨，臉上出現詭異的微笑，「人生有幾個二十年，你知道我在說什麼嗎？」

接著，我們走到花園，這個鋪著灰色磚頭的凹陷露台跟網球場差不多大，裡面有一些針葉植物和長椅。拉里對這個花園的看法是：「二十年了，這裡還是老樣子，沒什麼變。」

說的對。我們繼續往病房區的另一頭走，這裡的房間配置是對稱的：六間病房在一頭，六間病房在另一頭，中間是空蕩蕩的灰色區域。我們順路走到傑米的房間。

「這傢伙唸過劍橋大學，他正在寫一本關於我們的書。」拉里說。

傑米起身走到門口擋住我們，顯然不想讓我們進去。他想跟我一起走回我們剛剛走的路，只是這次走得很快，很快就回到病房區的另一頭。從言談中，我發現傑米和拉里截然不同。傑米就像身高一九〇公分的光頭怪物，深藍色的眼睛銳利有神，看起來很像那種陰沉邪惡，怨天尤人、極端暴力的孤僻殺手。他身上穿著伐木工人常穿的格子襯衫，沒有一絲鬍渣，整個臉看起來像鐵球一樣，讓人不敢親近。

「所以，你寫的這本書跟什麼有關？」他用倫敦腔對我咆哮，感覺跟流氓差不多，後來他走到門口，雙手交叉，左手握拳撐著下巴。「我想，應該是一些老掉牙的警告吧？把他們關起來，把鑰匙丟掉，對吧？你可知道，你根本不清楚這種故事有時聽起來多麼心懷不軌。而且，這樣寫根本很傷人。拉里，我這樣說他，不對嗎？」

拉里竟然誇張地大笑起來，像莎士比亞戲劇裡的人物那樣表情苦惱，還用雙手捶胸。這時，傑米竟然假裝擦眼淚。

太棒了。這就是我來這裡的目的。在面臨層出不窮的困難時，或許我們都要學著玩世不恭一些。

「你知道嗎，傑米，」我說，「我正想寫一本書替你們平反。我覺得你們可以教我們一些東西，你們的某些人格特質很值得我們學習。當然，我指的是適度地學習。這很重要，就像剛才那樣，你根本不管別人怎麼想。在日常生活中，如果大家能帶一點這種心態，真的很有幫助。」

傑米似乎覺得很好笑，我竟然要跟他徵詢意見。人格病態者看待事物的極端角度，其實有可能提供一些寶貴見解，協助我們解決日常生活中遇到的難題。但是，他還是有點戒心。

「你是說，我跟拉里是本質好過頭了？」傑米冷笑地說。「你的意思是，汽車性能很棒，只能怪司機上路時開得太快？」

這比喻很有意思。

「有點兒是這樣，」我說，「你有沒有興趣把腳離開油門一會兒，先把車子靠邊停一下？」

傑米瞇著眼睛。「我不會為任何人停車的，」他喊道，「如果你想搭車，就跳上來吧。」

我們回到原先出發的地方，就是病房區的另一頭，現在切爾西領先曼聯四分。而丹尼剛被提名為本月之星。

「我看他還沒有殺你，」丹尼若無其事地說，然後很快瞄了拉里一眼：「拉里，你年紀大了，心也變軟了嗎？」

我笑了，我知道自己其實很不安，我笑得有點瘋狂。但是，拉里可是一本正經。

「嘿，」他義正嚴詞地說，「小子，你還沒搞懂，對吧？我說過我不會殺你。我確實沒有殺你，不是嗎？」

這時我才恍然大悟，原來拉里剛才不是在嚇唬我。他可能想撇開自己給人的外在形象，在跟我交談時好好控制自己。我整個人放鬆下來，想要一笑置之。但我不但沒有達到目的，反而激怒他。

「不是這樣的，拉里，我懂你的意思……」我大聲地說，「我明白你的意思，真的。謝謝你，老兄。真的很感謝。」

傑米笑了，顯然他覺得這場面很好笑。但是現在，除了我如履薄冰的糗態，實在沒有什麼值得一笑的事。我壓根兒就忘記，跟這些傢伙在一起，什麼事都有可能發生。他們天不怕、地不怕，什麼事都幹得出來。他們沒有道德底限，杏仁核就像馬力十足的引擎，車子很容易就衝出車道。

足球賽結束了，丹尼把電視關掉，整個人靠在椅子上。

「所以，你在寫一本書，是嗎？」他說。

「是的，我對你們解決問題的方式很有興趣。」

丹尼一臉疑惑地看著我。「哪種問題？」他問。

「日常生活中的問題，」我說，「就是大多數人在日常生活中必須應付的那種問題。」

我瞄了拉里和傑米一眼，說道：「我可以舉個例子說明嗎？」

丹尼看看手錶，「說吧，」他歎口氣說，「只要你能在五年之內說完就行。」

「我會盡量簡短扼要。」我說。然後，我跟他們提起我有一些朋友打算把房子賣掉的事。

無情

怎樣趕走不受歡迎的房客？唐和妻子法蘭就面臨這種問題，法蘭年邁的母親弗洛突然搬來同住。老太太住了四十七年的舊房子現在用不著了，唐跟法蘭準備把它賣掉。房子位於倫敦市區的好地段，很多人有興趣要買。問題是，這間舊房子還有一名房客，那位老先生聽到要他搬家的消息後一臉不悅。

唐和弗蘭束手無策。上次他們好不容易找到一位買主，就因為房客不願意打包走人，只好損失大好機會。下次如果還是這樣，那間房子就很難賣掉。可是，怎樣才能讓房客搬走呢？

「我猜，暴力手段不在討論範圍內，」丹尼問道，「對吧？」

「對，」我回答，「我們也不希望被關進這裡，不是嗎？」

丹尼對我比出中指表示不滿。不過，他會這樣問就透露出，對人格病態者來說，暴力是解決問題的唯一辦法。

「你們聽聽看我這個想法怎麼樣？」傑米低聲說，「老太太搬去女婿家住，所以老頭子房客一個人住在那間舊房子裡，對吧？那麼，你就假裝是委員會派去的代表，上門去跟屋主談談。他會告訴你屋主不在家，這時你就說沒關係。但你要問他有沒有屋主的聯絡電話，因為你有急事要找她。

「這時，老頭子就會很好奇，有點擔心地問你，發生什麼事？你回說，事情很緊急，在例行檢查石棉濃度時發現，這間房子的石棉濃度過高。連車諾比核電廠跟這裡比起來，都小巫見大巫呢。必須趕緊聯絡到這間房子的屋主，要進行一次結構性的檢查。這間房子的住戶必須撤離，等委員會確認這裡可以安全居住後，才能搬進來住。

「這樣一來，那老頭子就上當了。幸運的話，在你提到『肺癌會致命』這句話前，那個討厭鬼就會衝出門去。他走人後，你可以馬上請人把門鎖換掉，我想那倒是挺有趣的。不過，後續還有一個問題就是，他的行李還沒拿走。不過沒關係，你只要弄個舊貨拍賣會就沒問題。我是說，這樣你還能從那老頭子身上撈點本，起碼可以彌補換鎖花的錢。

「不過，我呢？我會選擇既保險又安全的方法。哈，應該說是祕密又安全的做法！我想，這樣就可以徹底擺脫那個討厭的老頭子。而且，他還會以為你幫了他的忙。」

針對唐和法蘭家遇上賴著不走的房客困境，傑米提出極具創意又饒富巧思的解決方案，讓我甘拜下風。不過，我當然是有正當理由才沒想到這種好主意。畢竟，我又不是冷血無情的人格病態者！我根本沒想過要這麼急著把房客趕出去，讓他無家可歸，流落街頭。我從沒動過這種念頭，更沒想過把他的東西拍賣來彌補換鎖費用。不過，就像傑米說的，人生有時就需要從一堆差勁的選擇中，找出最好的選擇。有時，為了得到自己想要的，或達到最有利的結果，就一定要這麼做。

不過，有趣的是，傑米真的認為這樣是在做對的事：從客觀角度來講，這是合乎道德的行為。

他問：「為什麼不把那個混帳趕出去？我是說，你想想看，你在談『做對的事』。但是從道德的角度來看，更糟的情況是什麼？是教訓那些本來就該打的人，還是讓無辜的人受罪？如果你是一位拳擊手，你會盡全力趕快把對方打倒，不是嗎？既然這樣，為什麼人們有心理準備在體育賽事時冷血無情，在日常生活中卻無法做到那樣？兩者有什麼區別呢？

「許多人的問題就出在，他們認為的美德其實只是偽裝的邪惡。讓人相信自己既理智又文明，比自己軟弱好欺負要容易得多，不是嗎？」

「好人在夜裡可以高枕無憂，」英國作家喬治・歐威爾這樣說過，「因為粗人準備用暴力為他們打抱不平。」

但是，如果世上最危險人格病態者講的話可以相信，那我們可都要好好反省一下了。

魅力與專注

傑米針對唐和法蘭遇到的房客難題，提出無情的解決方案，這一點無庸置疑。不過，就像丹尼一聽到這個兩難困境時劈頭說的「我猜，暴力手段不在討論範圍內吧」，這種無情不需要表現得很明顯。所以，計畫部署得越巧妙，無情講述者講得越生動，你就越覺得事情沒有什麼不對勁。個人利益就像一把用慈愛包裝的匕首，巧妙地隱藏在令人迷惑的魅力表象下。

人格病態者魅力十足，這一點無須贅述。他們在專注和「為達目的、不擇手段」等方面的高超本領，也眾所周知。這種組合當然既強大又巧妙，而且能讓我們都從中受惠。

萊斯利加入我們的討論，並對「魅力」這點發表高見：「你要有能力給予別人最高禮遇，讓你不喜歡的人自動跟隨你，照你的意思去做。」

萊斯利有一頭梳理整齊的金髮，以及無懈可擊的口音，從他的外表和言行看來，他都像個權威人士。「你想讓別人怎麼樣就怎麼樣，」他說，「這樣一來，你當然就能對別人產生影響。」

萊斯利對於專注力，尤其是得到自己想要的東西這方面，也有自己的精闢見解。他從小就發現自己的想法跟大多數人不一樣，他利用這一點，為自己取得許多優勢。

「我念小學時就盡量避免跟別人打架，」他告訴我，「長大成人後，我還是這樣。我想，這一點我跟傑米很像。」

傑米有點自得意滿地微笑。

「你看，我很早就意識到，人們找不到自己的方向，其實通常是因為他們不知道自己正在走的路通往哪裡。他們太沉迷於當下，以致於有時就會偏離常軌。在這種時候，情況就會有變化。你不是在追求自己真正想要的東西，而是在追求別人認為你想要的東西。一切都是為了贏得成功。」

「傑米剛剛提到拳擊，我聽過某位頂尖拳擊教練這樣說。他說，如果你聽到比賽鈴聲響起，就拼命衝向對手，一心想要把他打得不省人事，那麼你很有可能反過來被擊倒。但是，如果你專注於贏得比賽，只要把注意力集中在把拳打好，那麼就更可能把對手打到不省人事。」

我完全瞭解萊斯利講的話，進而想起幾年前的一次遭遇——我本來大可採取報復和暴力手段，但最後還是魅力和專注更技高一籌。

戴・格里菲斯（Dai Griffiths）身高一九五公分，體重一一三公斤，天生就是個大塊頭。他在英國警察部門服役二十三年，以《病態人格量表》得分來說，他比自己逮捕的很多傢伙都要高，他很清楚自己是什麼樣的人。

「在我們逮捕的這些人中，」他指著拘留所入口處對我說，「有二〇%的人浪費我八〇%的時間。」這種數學運算結果當然很有趣，但格里菲斯真正想說的是，慣犯是讓他們很頭疼的問題。

就拿伊恩・奎內爾（Iain Cracknell）這名慣犯為例。

奎內爾可能就是你認為的那種酗酒成性的酒鬼。他每到週五或週末晚上，就會拋下正事不管，上酒吧買醉。他通常會點一瓶傑克丹尼（Jack Daniel）威士忌，還要來上好幾杯啤酒。

每次喝完酒後，他就開始表演精湛舞技。相較之下，《天鵝湖》根本就是土風舞。首先，奎內爾開始出現「瘋狂」行徑。接著，警方會依法行事，請一名精神科醫師過來，評估奎內爾的精神狀況。但是，精神病醫生趕到時，奎內爾竟然表現得跟正常人一樣。他當然還是喝醉，但卻一點也不瘋。精神科醫師看到這種情況就會走人，還會抱怨警察不稱職，浪費醫生的時間。奎內爾則會在一旁忍不住發笑，然後他就被關進看守所倒頭就睡。而這樣的戲碼就一再地重演。

奎內爾的問題似乎解決不了。怎樣才能結束他這種沒完沒了的思維遊戲呢？跟大多數慣犯一樣，奎內爾的問題出在，他比任何人更清楚這個遊戲，他當然知道這遊戲要怎麼玩。這表示，你只有一個選擇：抓他或不抓他。抓他，你就要面臨這個後果：通常會被趕忙過來的精神病醫生痛罵一頓。

而且，情況顯然就是那樣。

直到有天晚上，格里菲斯想到一個辦法。他把奎內爾帶進拘留室，跟往常一樣請精神科醫師過來。他自己到失物招領處不久就回來了，他把自己扮成小丑，頭戴假髮，臉上了妝，戴假鼻子，手上還拿著鈴鐺，就這樣出現在奎內爾眼前。

格里菲斯問道：「奎內爾，早餐想吃什麼？」奎內爾嚇壞了，以前就算運氣好，最多也是給他喝杯水，而且還是拿塑膠杯。現在受到這般禮遇，他簡直不敢相信自己這麼走運。

「雞蛋要怎麼料理？」格里菲斯接著問，「炒蛋、水波蛋、煎蛋或水煮蛋？」格里菲斯就像飯店經理那樣細心，把奎內爾的每項要求都記下來，連現榨柳橙汁都記下來，然後他就走出去。

十分鐘後，格里菲斯跟值班精神科醫師一起走進來，這時他又穿回警察制服。「所以，這次又有什麼問題？」精神科醫師問道。

奎內爾緊張起來。

「你要治療的人不是我，」奎內爾結結巴巴地說，「是他！你一定不會相信，但是就在你進來前，他打扮成小丑問我早餐想吃什麼！」

精神科醫師一臉狐疑地往格里菲斯瞧，格里菲斯只是若無其事地聳聳肩。

「看來我們這次可要好好治療你，」他說。

相信我，千萬別跟格里菲斯作對。我知道很多人跟他作對，下場悽慘到滿地找牙，大家叫他「牙醫」可不是亂叫的。

格里菲斯其實有很多手段可以整奎內爾，不費吹灰之力就能教訓奎內爾。大家都知道醉鬼常會出「意外」，動不動就撞到東西，可能滿身都是傷。格里菲斯大可製造這種「意外」，但他沒有這麼做。他反而採取截然不同的做法，避開奎內爾巧妙設下的陷阱：那種得到自己想要的，還讓人覺得你如願以償的誘惑。格里菲斯終究讓奎內爾知道，關起門來，誰才是老大。他專注於找出能一勞永逸解決這種困境的做法，不只是替自己，也為部屬解決一個燙手山芋。他全神貫注於眼前的問題，以禮遇的方式把問題連根拔除。這樣一來，精神科醫師就不必在週末疲於奔命白跑一趟。

魅力十足、專注和無情，當然是人格病態者最明顯的三種特質。如果同時具備這些特質，遇到問題就迎刃而解，也就不令人意外。但是，如果你真的那麼幸運，同時具備這三項特質，那麼你的人生很可能有超乎尋常、無比傑出的成功，而且還能穩坐成功寶座。

賈伯斯就是這種人。

賈伯斯辭世不久後，新聞記者約翰・阿利奇（John Arlidge）曾對他做出這樣的評價：「賈伯斯能成為教主級人物，不僅因為他一心一意、熱情專注（據賈伯斯的老同事說，他散發出一種『炙熱激情』），還追求完美、永不妥協、吹毛求疵。不過，所有成功的企業領袖都是那樣，只是他們高薪聘請的公關人員會說，他們就跟我們一般人一樣懶散。」

但賈伯斯能成功，顯然不只是因為這些特質。阿利奇指出，賈伯斯有個人魅力和先見之明。如同科技作家華特・莫斯伯格（Walt Mossberg）透露，就算在私人場合，賈伯斯也會用布罩在產品上，把新產品放在董事會會議室裡明亮的辦公桌上，然後手舞足蹈地幫產品「揭幕」。

蘋果並不是世界上最傑出的技術創新者。事實上，這家公司根本稱不上創新，而是擅長把別人的構想重新改造一番。蘋果不是率先推出個人電腦的公司（IBM才是），也不是最早開發出智慧型手機的公司（Nokia才是）。其實，蘋果的創新之路早就走向衰敗，蘋果產品通常都搞砸了。還記得他們開發的牛頓掌上型電腦或麥金塔個人電腦Power Mac G4 Cube嗎？

但是，賈伯斯確實引領風潮。他讓人們見識到科技複雜精巧、無遠弗屆的魅力。他給予消費者最高的禮遇，以世界各地蘋果專賣店當成門面，讓蘋果的產品進入家家戶戶的客廳、企業辦公室、工作室、電影製作室和你能想到的任何地方。

堅毅

蘋果在主導世界的道路上遇過種種挫敗，在成立初期還差點倒閉。這件事提醒我們，人生總是充滿挫折與阻礙，沒有人能一帆風順。就像李歐納·柯恩（Leonard Cohen）[1]

所唱的歌曲：每個人在某個時刻，都會「拋下別人不管」。很可能是今天、明天或以後某個「幸運」時刻，發現被「拋下不管」的人，就是你。

對於傑米這樣的人格病態者來說，會讓別人受到影響的事，對他們卻毫無影響。但是，就算遇到會影響他們的事，他們也能應付自如，比方說：時運不濟、遭遇挫折。在生活中遭遇不幸時，如果我們都能多一點這種堅忍與超然，一切就會順遂得多。

艾默里大學人類學副教授詹姆斯．李林（James Rilling）在實驗室裡證實這一點。他在類似我們在第三章中提到的囚徒困境中，發現一個既奇怪卻令人振奮，且跟人格病態有關的弔詭。說來或許並不令人意外，人格病態者在這種情況下，更加展現出「背叛」的傾向。結果，他們更可能突然對另一方做出好鬥行為，和投機取巧的人際攻擊（「合作—不合作」動態的縮影）。

不過，情況通常是這樣。即使形勢逆轉，他們也根本不會因為挫敗而心煩。李林跟同事發現，人格病態者腦部的某些運作很有趣，在出現這些轉變，也就是「看看你覺得如何」這種結果後，人格病態者會試圖不計回報地採取合作態度。這時，跟其他比較仁慈公正的受試者相比，人格病態者腦部杏仁核的活動大幅降低，神經元出現這種情況，就表示個人採取「不予回擊」的做法，有時這種意圖會以相當奇特的方式顯現出來。

「小時候，」傑米說道，「我們玩過一種比賽，比誰在一個晚上被女生灌醉最多次。雖然在這裡有拉里的例子做為前車之鑑，但我們總得盡量體驗生活。」

拉里不知所措地看著我。

「不管怎樣，天亮前被灌醉愈多次愈好。這樣隔天晚上出去玩就不必付錢。這樣做當然是為了自己的利益，不是嗎？整晚喝醉，一切都由同伴照料。真是好極了。但是真正好玩的是：幾杯黃湯下肚後，要再多喝就變得很難。一旦你發現這件事根本沒什麼，你就開始驕傲自大，開始大發厥詞，有些人就會相信你的胡言亂語！」

只要不怕阻礙，就能無往不利。

無畏

傑米和他的同伴並不是最早把無畏和堅毅二種特質聯繫在一起的人。

舉例來說，根據英國林肯大學（University of Lincoln）李．克拉斯特（Lee Crust）和理查．季根（Richard Keegan）的研究顯示，有冒險精神的人在「堅毅」這項目的得分，

1 加拿大詩人、作家及創作歌手。

比討厭冒險者要高。在測試中，「挑戰和願意體驗新事物」的得分，是決定個人有沒有冒險精神的最主要指標；而信心指數的高低，則是決定冒險精神程度的最主要因素。人格病態者的二種特質都比一般人強很多。

還記得前一章提到安迪講的話嗎？你知道自己很可能在執行任務時被殺，你知道自己很可能被敵軍俘虜，你知道自己高空跳傘時很可能被異國的滔天巨浪吞沒。但是，「管他的」，你繼續做你該做的事。當特種兵就是這樣。

毫無疑問，特種部隊的成員既無畏又堅毅（我測試過他們，許多人的結果都跟人格病態者差不多）。其實，英國皇家特種空勤隊篩選新兵的過程相當殘酷，通常持續長達九個月，並且只有幾人能過關。教官利用這種嚴格篩選，從中找出能忍受這種惡夢般的折磨、具備無畏和堅毅等特質的人。

舉例來說，我在採訪過程中，有一位從特種兵篩選中拔得頭籌的士兵，讓我明白是哪種堅毅特質區別大丈夫和小男孩，也讓我們知道最後通過嚴格考驗的入選者，究竟具備怎樣的心態和心理結構。

「真正擊垮你的不是暴力，」他跟我說明，「而是暴力的威脅。這讓你覺得即將發生什麼可怕的事，讓你隨時戰戰兢兢。結果就被這種思維過程擊垮。」

接著，他詳述篩選過程中的一個特殊場景，嚇得我再也不敢自己修理汽車排氣管。

「通常到了這個階段，候選人已經筋疲力盡。我們把他的頭罩上頭套，他最後看到的景象是一輛兩噸重的卡車。我們讓他躺在地上，聽著卡車聲音漸漸逼近。大約三十秒後，卡車開到他的正上方，卡車引擎距離他的耳朵只有幾英吋。我們請司機突然猛踩油門，然後跳出車外，砰一聲把門關上就走開。這時卡車引擎還繼續運轉。過一會兒，遠處有人問手煞車有沒有拉起來。這時，我們會派人把備用輪胎輕輕推到地上那傢伙的太陽穴，然後用手逐漸增加壓力，而另一個人讓卡車稍微加速，讓地上那傢伙覺得卡車好像馬上要開動。這樣折騰幾秒後，我們把輪胎拿開，把地上那傢伙的頭套拿掉，然後把他痛毆一頓……通常，很多人在這個時候都會認輸。」

我談起某次參加電視試播特種兵選拔的體驗，讓丹尼、拉里、傑米和萊斯利笑笑。當時我被綁著，躺在陰暗倉庫冰冷的地板上。無法動彈的我，驚恐地看著一輛堆高機，把裝有水泥的拖板懸吊在離頭上幾碼高的地方。拖板慢慢降下來，我可以感覺到拖板底部尖銳不平的表面輕壓我的胸口。大概過了十幾秒後，我聽到堆高機操作員在嘈雜噪音聲中抱怨說：「真該死，機器壞了，沒辦法發動了……」

回想起來，那天我在洗完熱水澡後，整個人好好的，好像什麼事都沒發生過。其實堆高機上的「水泥」根本不是真的，而是上過色的聚苯乙烯，而且堆高機也正常運轉。只不過堆高機下的我，就跟經歷特種兵嚴格篩選的候選人一樣，都被矇在鼓裡。在那一刻，如同我在《瞬間說服》（*Split-Second Persuasion*）這本書裡談到，情況逼真到嚇人。

然而，這種驚險場面根本嚇唬不了傑米。「就算機器真的故障，」他說，「也不表示拖板一定會壓到你身上，不是嗎？只是你必須在機器下面多待一會兒，但那又怎樣呢？你知道嗎，這件事我已經想通了。人們都說勇敢是一種美德，對吧？

「但是，如果你根本就不需要勇氣呢？那又怎麼說？如果你打從一開始就不害怕呢？如果你一開始就不害怕，你就不需要勇氣戰勝恐懼，不是嗎？老兄，那種水泥和卡車輪胎的驚險動作根本嚇唬不了我，那只不過是心理遊戲罷了。但是那種遊戲無法讓我更勇敢，要是我一開始就什麼也不在乎，這樣做怎麼可能讓我更勇敢？

「所以，你知道我不認同這種說法。在我看來，你一直提到勇氣，那是因為人們覺得自己需要勇氣，但我天生就有這種勇氣。或許你認為勇氣是一種美德，但我認為勇氣只是一種天賦，是讓人情緒高昂的興奮劑。」

正念

身高將近一九〇的光頭人格病態者傑米，坐在對面沙發上，在他強大精神磁場的籠罩下，我的道德準則開始動搖，這種感覺實在很不好受。我當然很清楚人格病態者的說服力有多強，但是即便如此，我不得不承認，傑米講得有道理。在危急時，「英雄」可能會出於求生本能而放聲尖叫，但是人格病態者卻能不動聲色，甚至覺得小事一樁。接著，萊斯利講述這個過程中存在的另一個難題，讓我的道德標準更迅速動搖。

「不過，這不只跟能力有關，對吧？」萊斯利提出反駁，「坦白說，因為我從來沒有感到害怕，所以我對『害怕』的瞭解是這樣的，我認為在大多數情況下，害怕根本就沒有必要。大家是怎麼說的？人們擔心的事，有九九%都不會發生。既然這樣，何必害怕呢？

「我認為問題出在，人們花太多時間擔心可能發生什麼事，擔心事情會出狀況，完全無視於當下。他們根本忽略這個事實：其實，現在一切都很好。你問問自己，就能清楚發現這一點。記得那傢伙跟你說的嗎？真正擊垮你的不是暴力，而是暴力的威脅。所以，何不活在當下呢？

「我的意思是，你想想看，就像傑米說的，你躺在那堆水泥下面時，其實沒發生什麼壞事，不是嗎？沒錯，如果你是躺在床上，當然更舒服些。但說實在的，如果你睡著了，那麼躺在那裡就跟躺在床上沒有什麼差別，對吧？

「其實，你是被自己的想像嚇壞了。你的大腦快速轉動，像播放電影情節那樣，把你能想到的所有災難畫面逐一呈現，但是這些情況都沒有發生。

「所以，我建議的訣竅就是，盡可能不讓自己的大腦超前現況。持續這樣做，你很快就會戒掉這種需要勇氣克服恐懼的習慣。」

「或者，你可以利用想像力幫自己的忙，」丹尼插嘴說，「下次當你感到害怕時，你就想：『要是我不這麼害怕，那我會怎麼做？』然後你照這個問題的答案去做就行了。」

如果你還沒被這群人嚇破膽，那麼這確實是個好主意。

聆聽傑米、萊斯利和丹尼各自發表高見，讓你覺得好像在聽一群偉人傳道也不為過，他們好像三位遵循八聖道[2]追求涅盤境界的佛教徒。他們當然不是佛教徒。不過，活在當下這種認知訓練，可是「病態和靈性開悟的共通點」。

牛津大學精神病學系臨床心理學教授馬克．威廉斯（Mark Williams）將「活在當下」這個原則，跟他提出以正念療法為主的認知行為療法結合，治療深受焦慮和憂鬱所苦的人。

在威廉斯於萬福德醫院（Warneford Hospital）的辦公室裡，我跟他開玩笑地說：「正念（Mindfulness），基本上就是在光滑木質地板上打坐修佛，不是嗎？」

威廉斯遞給我一塊甜點。

「你忘了提到聚光燈和電漿電視，」威廉斯補充道，「不過，我的很多理論和實務做法確實都帶有濃厚的東方文化氣息。」

威廉斯舉例跟我說明，以正念為主的認知行為療法，可以如何協助人們克服恐懼，比方說：像害怕搭飛機這種事。傑米、萊斯利和丹尼還說得真對呢。

「有一種方法，」威廉斯解釋說，「你可以安排害怕搭機者跟熱愛搭機者坐在一起。然後，飛行途中，你拿兩張腦部掃描圖片給他們看：一張顯示開心，一張顯示焦慮不安、充滿恐懼。

「你跟他們說：『這組圖片正代表你們大腦此刻的活動。顯然，它們完全不一樣，但卻無法說明什麼，不是嗎？這組圖片也無法預測飛機實際狀態。』

「『飛機實際狀態只跟引擎有關。』

「『所以，這些圖片有表明什麼嗎？』你問他們。然後你繼續說，『其實，這些圖片代

2 佛弟子修行的八項內容：正見、正思維、正語、正業、正命、正精進、正念、正定。

表的……正是你們的心理狀態，也就是腦部狀態，就這樣而已。你們感覺到的興奮或焦慮，都只是感覺而已。感覺是腦部念頭生起滅去引起的一種神經網絡、電波反應和化學組態。這些念頭就像雲朵一樣來來去去。現在，如果你可以接受這個事實，理智觀察自己內心的感覺，讓念頭生起滅去，不要受到影響，只要關注周遭正在發生的事。那麼經過一段時間，最後你的情況應該會開始有所改善。』」

行動

傑米這些傢伙為正念的理論和實踐背書，雖然未必能獲得牛津大學傑出教授的讚揚，卻是人格病態者的典型作風。他們有活在當下的強烈傾向，拉里就打趣地說：「別管明天怎樣，盡情享受今天。」有時候，撇開治療情況不談，這種想法或許十分有益。

以金融界為例。唐．諾維克（Don Novick）當了十六年的交易員，每筆交易都賺錢，從沒賠過錢。他剛好就是人格病態者。現在，諾維克雖然只有四十六歲，卻賺夠錢退休，在蘇格蘭高地安居樂活，並以收藏好酒名錶為樂。

我說諾維克是人格病態者，因為那可是他自己說的。而且，我第一次跟他見面時，他就那樣說自己，為了保險起見，我決定對他進行幾項測試。測試結果顯示，他真的有人格病態特質。

諾維克住在一座詹姆斯一世時期的僻靜城堡裡，城堡裡的車道長到可以容納好幾個加油站。我坐在其中一間客廳裡，很實際地詢問他是怎麼賺大錢的：究竟具備怎樣的特質，才能成為成功的交易員？我沒興趣知道交易員好壞的差別在哪，我只想知道優秀交易員跟真正頂尖交易員之間有什麼差異。

雖然諾維克沒有指名道姓，但他毫不猶豫地以客觀專業的定性分析觀點，回答我的問題。

「我認為，講到真正頂尖交易員的最大不同之處就是，在遊戲結束時的表現，也就是一天交易結束後的心理狀態。」他跟我說，「你要知道，從事金融交易這個行業，要是心理稍微脆弱些，就可能讓工作毀掉你。我就見過交易員在交易時段結束時痛哭流涕，有些交易員甚至被工作搞到生病。這行業的壓力很大，環境和同儕競爭都很殘酷。但是你會發現，最頂尖的交易員在一天工作結束走出辦公室時，根本就面無表情。你看不出來他們究竟是賺了幾十億，還是把所有資金都賠光了。

「概括地說，要成為頂尖交易員的根本原則就是：交易時，絕不能讓任何情緒影響你的決策，更不能完全被情緒擺布。你必須毫不留情地專注於當下，不能讓昨天發生的事影響今天。要是你做不到，馬上就會失敗。如果你容易受情緒影響，那你根本沒辦法做這一行。」

諾維克是從自己十六年的殘酷實戰經驗，得到這樣的精闢見解，這些話很容易讓人聯想起希夫、貝沙拉和羅威斯坦進行賭博遊戲實驗得到的結果。當然以邏輯來說，正確的做法是每回合都下注。但是隨著遊戲進行，有些參賽者寧可保留賺到的錢而不願下注。換句話說，他們開始「活在過去」，以諾維克的說法就是：他們在決策時受到情緒的擺布。真是失策。

但是其他參賽者繼續「活在當下」，持續下注。實驗結果證實，這群人最後獲利豐厚。以貝沙拉的說法，這些人就是「功能性人格病態者」，他們要嘛很懂得控制自己的情緒，不然就是一點也不緊張，把每回合都當成第一回合那樣勇於下注。

奇怪的是，他們的實力越來越強，而且如同諾維克的預測（我跟諾維克提起這個實驗時，他確實做了預測），這些大膽下注者最後就贏過那些謹慎小心、討厭冒險的人。

但是這個故事還沒有結束。幾年前，這個研究報告首次登上大眾媒體時，有些報導標題十分聳動，比方說：「徵求：在市場上賺大錢的人格病態者」。根據諾維克的說法，這個標題饒富深意。

「舉個例子，職業殺手就跟交易員一樣，他們在奪取別人性命後，可能也不會有任何感覺。」他解釋說。「良心不安或深感後悔這種事根本不存在。交易員的情況也差不多，交易員完成一筆交易後，會認為工作『執行完畢』。在交易這一行，這是很常見的說法。一日交易執行後，真正頂尖的交易員沒有絲毫悔恨。他們不會追究交易決策對錯的原因和利弊。

「就像我先前說的，追究之前那筆交易究竟賺多少或賠多少，根本於事無補。交易執行完畢，就不該帶情緒，心理上也不該再受影響，這才是冷靜客觀的做法。

「我認為不管是在交易市場或是其他行業，在同業中出類拔萃者都需要某種超脫的能力，能全神貫注在眼前的工作。而且，在眼前的工作完成時，就能徹底抽離，把發生過的事拋諸腦後。」

當然，活在過去只是問題的一部分。問題的另一部分是活在未來，「擔心還沒發生的事」，就會讓我們胡思亂想，就像我在躺在堆高機水泥拖板下面時那樣，這種情況同樣效益不彰。針對認知與情緒對決策失當的影響所做的研究顯示，每當我們評估日常生活中常見的行為時，比方說：跳進游泳池或拿起電話通知對方壞消息時，我們原本想像的結果總是比實際情況更令人不安。

當然，這也說明我們在大多數情況下，總喜歡拖拖拉拉的原因。

但是，人格病態者從不會拖拖拉拉。

記得之前我去布羅德莫精神病院時，接待我的帕多克中心臨床主管布拉克說什麼嗎？他認為人格病態者通常在醫院活動中表現出色，其中一項原因就是，他們必須有事可做，無事忙可不行。

「生活平淡簡直可怕極了，」丹尼一邊玩電玩一邊說，「我喜歡生活就像坐雲霄飛車，轉動命運的輪盤，才有無限的可能。」

他皺起眉頭，把棒球帽挪一下。

「至少，我來這裡之前是這樣。」他無奈地聳聳肩。

聽到人格病態者這麼說，再自然不過，其實我們大家在生活中或許也有過類似的想法。

「我小時候，」拉里跟我說，「每年放假都會去哈斯汀。我永遠忘不了那一天，我看著妹妹在海裡玩水，突然被巨浪打中。她哭著跑過來，從此再也不敢玩水。我看到這幕情景時才七、八歲，我記得當時跟自己這樣說：『海浪襲來時若待在原地不動就會受傷。所以，你有兩個選擇：要嘛待在岸上別下水；要嘛就往大海更遠處游去，讓巨浪把你撐起，隨著浪花沖向岸邊。』」

傑米站起來發表高見。

「當然，祕訣就是別跑太遠，」他不以為然地說，「否則可會葬身大海。」

「S・O・S」

「你知道我就在這裡，哪裡也去不了。」

我跟傑米握手道別，我跟他說下次順道經過時一定再來看他，他也告訴我他的動向。萊斯利向我屈身致意，拉里則是畢恭畢敬地敬禮，或許這傢伙以前真的當過船長。丹尼則是回去繼續看球賽。

回到走廊和連接危險級與嚴重級人格障礙病房區跟外面世界的「安全氣泡」，我覺得自己有點像從太空返回地球的太空人。

「感覺還好吧？」我們匆忙往回走的途中，布拉克這樣問。

我微笑地說：「開始覺得自在些。」

火車加速往倫敦行駛時，我觀察周遭人們的表情：他們大多是下班回家的上班族，有的緊張焦慮，有的疲憊不堪、滿臉倦容。在精神病院裡，你不會看到那麼多人有這種表情。

我打開筆電寫下一些感想。大概一小時後，火車進站。我把剛才寫的感想取名為「SOS」：意思是「奮鬥」（Strive）、「克服」（Overcome）和「成功」（Succeed）所組成的心理技能。

我把人格病態者的獨特技能歸納為成功致勝的七種人格特質，這也是人格病態者的七項核心原則。只要適當利用這七項原則，就能協助我們得償所願，能幫助我們應付現代生活中各式各樣的挑戰，也能把我們從受害者變成勝利者，又不會讓我們淪為惡棍。這七項核心原則是：

1. 無情
2. 魅力
3. 專注
4. 堅毅

5. 無畏
6. 正念
7. 行動

不用說大家也知道，這些人格特質的效力是在實際應用時才得以彰顯。而且，不同特質適用的情況也不一樣。以先前混音台的比喻來說，不同狀況對某些特質的需求可能更高或更低，那就把對應的音量調大或調小一些。舉例來說，具備無情、堅毅和行動等特質，可能讓你更加果斷，贏得更多同事的尊重。不過，如果你沒拿捏好分寸，就很可能像獨裁者那樣冷血跋扈。

當然，還有考量到，把混音台旋轉鈕調大後，要能再順應情況調回適當程度。就拿第四章提到那位英國皇室法律顧問為例，如果他在現實生活中跟在法庭上一樣冷酷無畏，那麼不用多久，他就得請律師幫他打官司。祕訣當然是，搞清楚狀況。你是不是人格病態者不重要，重要的是當一個能搞清楚狀況的人格病態者。要能見風轉舵，看狀況採取適合的人格特質因應。但是，一旦危險過去，你就要恢復正常。

傑米他們就在這方面出錯了。他們沒有把混音台上的旋轉鈕控制好，永遠把旋轉鈕調到最大，這個錯誤就導致相當不幸的後果。如同我初次造訪布羅德莫精神病院時，傑米跟我說的話：人格病態者的問題不是出在他們滿腦子都是壞主意，而是出在他們聰明過頭。

人格病態者就像上路時瘋狂飆車，放任自己違規超速。

第七章

超級理智

人生不該是走向墳墓的一段旅程，凡事小心，害怕受傷。人生應該勇敢奮戰、全力以赴，就算精疲力盡，卻能開心大喊：「哇喔！多麼刺激啊！」

——杭特・湯普森（Hunter S. Thompson）
美國報導文學作家

變態世代

牛津莫德林學院教堂後面有一塊禱告板。有一天我在板上眾多留言祈求中，注意到這則留言：「主啊，請讓我中樂透，這樣我就不會再來煩祢了。」奇怪的是，只有這個祈禱得到上帝的回覆。上帝這樣寫道：「吾兒，我喜歡你的作風。這悲慘混亂的世界讓我如此傷心，你卻讓我莞爾一笑。該死，我真想再聽到你的祈禱。所以，你這厚臉皮的傢伙，祝你下次好運！愛你的上帝。」

以為上帝不幽默的人，或許該再好好想想；認為上帝遙不可及，不關心自己迷惘可悲子民瑣碎煩惱的人，或許也要改變想法。顯然，以這個例子來說，全能的上帝展現出祂的另一面：一位精明、強悍、正經的管理者，因為祂精通人類心理學，所以祂知道給予子民什麼東西最好。如果這樣聽起來，讓你覺得上帝在必要時，也不怕來回轉動混音台上的旋轉鈕；那麼恭喜你，你並沒有誤解。

一九七二年，作家艾倫．哈林頓（Alan Harrington）出版這本鮮為人知的書《人格病態者》（*Psychopaths*）。在書中，他針對人類演化提出一個嶄新的激進理論。哈林頓認為，人格病態者是智人的新品種，而且具有危險性：是不屈不撓的人格病態者，為了在現代社會求生存，演化出的應變之策。

哈林頓這種理論的關鍵在於，幾千年來將人類彼此結合在一起的原始聯繫，意即道德、情感和依存，在不知不覺間逐漸減弱。他認為西方文明接受中產階級認真工作、追求良善的傳統觀念後，人格病態者就被主流社會排除在外。他們受到譴責，被頭腦正常的同胞們當成瘋子或歹徒。但是，隨著二十世紀的到來，社會迅速發展，加上社會結構日漸鬆散，人格病態者也走出冷宮。

哈林頓沒有科學專業背景卻撰寫冷戰主題的小說，但對自己筆下的對象瞭若指掌。他對人格病態者的描寫相當多樣，其實他的某些描寫甚至超越人們在當今現實生活中，從報章雜誌得知人格病態者的諸多寫照。根據哈林頓自己的說法，人格病態者是「新人類」：是不受焦慮和痛苦束縛的心理超人。他們冷酷、容易厭煩又很喜歡冒險，但是只要情況需要，又會變得樂不可支。

哈林頓舉了幾個例子說明：「醉鬼、騙子、癮君子、嬉皮……心狠手辣放高利貸的黑手黨、魅力非凡的演員、殺人犯、流浪吉他手、行程滿檔的政客、躺在拖拉機前的聖徒、竊取實驗室助理的功勞又愛指使助理的諾貝爾獎得主……這些人都專心做著自己的事。」

而且這些人，都對別人一點也不關心。

聖保羅的黑暗面

哈林頓把聖人列入人格病態者的名單中，當然不是巧合，也不是單一個案。他在著作中，以妙筆生花的散文體，將人格病態者跟那些靈性開悟者做比較。不過，其中有一些論述並非出自他個人。

在書中，哈林頓引用克萊克利《理智的面具》中，對人格病態者的臨床描述。我們在第二章提過這本書，這是針對人格病態者最早做出的臨床描述之一：

人格病態者相信自己需要抗議的並不是某個團體、某個制度或某個思想體系，而是人生本身。他似乎在人生中找不到什麼很有意義，或能一直興奮的東西。他只看到一些稍縱即逝、相當瑣碎卻讓人愉悅的怪念頭，反覆出現讓人難以忍受的小挫折，以及倦怠。跟許多青少年、聖人（作者特別強調）、創造歷史的政治家以及其他知名領袖一樣，人格病態者顯現出自己的不安：他想要做點事改變現況。

哈林頓也引用諾曼・梅勒（Norman Mailer）的話：「人格病態者是精英中的精英，

是冷酷沒人性的精英。他對於死亡各種可能性的內在體驗，就是他的邏輯。同樣地，存在主義者、聖人、鬥士和情人也都是如此。」

其中的含意讓人很感興趣。哈林頓問到，有沒有可能聖人和人格病態者存在同一個人身上，只不過就像硬幣那樣有一體兩面？有沒有這種可能「不管我們願不願意承認，我們是不是都把人格病態者最邪惡、最讓人難以饒恕的一面抹殺掉，而認為他們極其優雅？還把他們的殘忍當成一種純潔？他們折磨別人並自我折磨，最後讓自己變成完全不同的人，但是他們的精神卻透過影視娛樂、宣傳、名聲和人們對他們的恐懼而得到淨化？」

不過，研究《聖經．新約全書》的學者可能會極力反對，他們認為人格病態者沒有那麼聰明。二千年前，大數的掃羅（Saul of Tarsus）處死無數基督徒，如果這種事情發生在現在，根據《日內瓦公約》，掃羅早就被控犯下種族滅絕罪。

我們都知道他後來發生什麼事。在前往大馬士革的途中[1]，他一夕之間從一位窮凶惡極、殘酷無情的帳篷商人，變成西方世界史上最重要的人物之一。他就是後來世人熟知的聖保羅，是整部《新約全書》半數以上內容的作者（整部書共二十七本小書，其中有十四

1 當代神經神學家認為掃羅可能是顳葉癲癇症發作，不是真的遇見上帝。「天堂之光」、幻聽（「掃羅、掃羅，你為什麼逼迫我？」）以及後來短暫失明，完全符合這項診斷。如同掃羅對自己健康所做的相關神祕暗示（哥林多後書12:7-10），他說「有一根刺加在我的肉體上，就是撒旦的使者來擊打我，免得我高抬自己。」

本是由聖保羅撰寫），他是《使徒行傳》（*Acts of the Apostles*）中的英雄，也是一些教堂彩繪玻璃上描繪的主角。

但除此之外，保羅很可能是人格病態者，他跟人格病態者一樣冷漠無情、無所畏懼、衝勁十足又魅力非凡。

我們就來看看證據。不論是在寬敞大路或在擁擠城內，保羅都喜歡待在危險又不友善的地方，讓自己總是處在可能受到暴力攻擊的危險中。此外，他在地中海盆地旅行時，遇過船隻失事三次。有一次，他甚至在大海上飄流二十四小時才獲救。現在我們大概知道，保羅是一個對自身安全毫不在乎的男人。

看來，保羅似乎是一個無法從錯誤中汲取教訓的慣犯（也有可能是他根本不在乎）。他擔任牧師期間就多次進出監獄，總共大概被關了六年，還遭受殘酷的鞭刑（其中五次遭受最重刑罰鞭打三十九下，太多下可能會致死），三次被處以杖刑。有一次在位於現今土耳其的路司得城，他被一群暴民惡意施以石刑，直到暴民認為保羅已經死了才肯停手，後來他們依照當時的習俗把保羅扔到城外。

經文記載後來發生的事：「門徒正圍著他，他就起來，走進城去。第二天，同巴拿巴往特庇去。（《使徒行傳》14:20）」

城裡的居民才設法用石頭砸死你，你能心平氣和地走進這座城嗎？我不確定自己做得到。

故事到這裡還沒完。由於性命一直飽受威脅，所以保羅是一個雲遊四海的流浪者。大馬士革總督下令封城逮捕他時，他躲在一個籐籃裡，從城牆裂縫逃出去。

保羅是冷酷又精於算計的政治煽動者，他不管別人有多麼重要或對他多麼忠誠，他都膽敢任意踐踏別人的感情。保羅與聖彼得在安提阿（Antioch）決裂，當時他當面指責彼得是個偽君子，強迫非猶太人接受猶太習俗，自己卻像非猶太人那樣生活。美國德州大學奧斯汀分校（University of Texas at Austin）經典與宗教研究教授麥可・懷特（L. Michael White）在其著書《從耶穌到基督》（*From Jesus to Christianity*）中描述：「這根本是政治虛張聲勢的失敗之舉，保羅很快就變成不受歡迎的人而離開安提阿，此後再也沒有回到這個城市。」

最後，保羅這位難以捉摸的心靈竊賊，還擅長不動聲色以無情的手段操縱他人。這位高明操縱者的自我推銷技巧可是高妙得很。

這讓你想起詐騙大師莫菲特的話了嗎？騙子的邪惡招數中最有力的武器之一就是：「看出他人的弱點」。保羅就不費吹灰之力地使用這些招數。

或者換個說法：

「向猶太人，我就作猶太人，為要得猶太人；向律法以下的人，我雖不在律法以下，還是作律法以下的人，為要得沒有律法的人。其實我在上帝面前，不是沒有律法；在基督面前，正在律法之下。向軟弱的人，我就作軟弱的人，為要得軟弱的人。向什麼樣的人，我就作什麼樣的人……（《哥林多前書》9:20-22）」

如果耶穌真想在往大馬士革途中找使徒幫他傳教，保羅自然是最佳人選。在基督徒中，他最令人畏懼也最不受歡迎。在皈依時，正是保羅迫害權力的頂峰。其實，他當初前往大馬士革的主要原因，就是要挑起更多流血事件。他從那裡開始傳道，是巧合嗎？

不是所有人格病態者都是聖人，也不是所有聖人都是人格病態者。但是有證據顯示，在大腦的某個角落，精神不正常和聖性是由同樣的神經主導。而且，像堅忍克己、情緒控制、活在當下、超常意識狀態、英勇、無畏，甚至包括同理心等一些人格病態特質，其實也是人的本性，這些人格特質不但能改善個人自身福祉，也能改善他人的福祉。

如果你需要證據，只要偶爾看看莫德林學院的禱告板就會找到。

眼盯紅點，揮桿奪冠

在面對逆境仍能面帶微笑，這種能力長久以來一直被拿來衡量個人情緒商數的高低。以詩人魯迪亞德・吉卜林（Rudyard Kipling）的話為例，在網球選手走上溫布頓中央球場前，你最後看到的是：

如果你能坦然面對成功和失敗，
對虛渺的勝負榮辱胸懷曠蕩……

不過，這種心態通常讓人聯想到聖人，很少有人會聯想到人格病態者。

二〇〇六年，倫敦大學學院（University College, London）的德瑞克・米契爾（Derek Mitchell）決定扭轉這個趨勢。他對二組志願者，也就是人格病態者和正常人進行「情緒干擾作業」（Emotional Interrupt Task, EIT）測試，以此測試志願者辨識能力的反應時間。通常，這項測試要求志願者坐在電腦螢幕前，螢幕上會閃過圓形或方形圖案，志願者看見圖案就以左手或右手食指按下按鍵。

你或許認為，這項測試非常簡單。但事實上，這項測試可能相當棘手。原因就出在，螢幕上不只出現圖形。每隔幾百毫秒，還有不同圖像跟圓形或方形圖案同時出現，這些圖像通常是人臉。人臉圖像分別是兩個積極圖像（笑臉），兩個消極圖像（生氣的臉），或是沒有明顯特徵的圖像（沒有表情的臉）。

大多數人發現，辨識情緒圖像很困難。原因很簡單：帶有情緒的人臉圖像會讓人分心。米契爾假設，如果人格病態者真的像人們說的那樣什麼都不怕，逍遙自在，能用平常心看待挫折，那麼他們應該不會出現辨識困難。事實上，在人臉圖像夾雜在圓形或方形圖案間出現時，他們應該能更快、更準確地做出反應，也就是說，他們更不容易分心。換言之，圖像或多或少透露出「情緒價值」（emotional value）。相較之下，在沒有表情的人臉圖像出現時，人格病態者跟正常人的差異應該會消失，因為在這種情況下就比較不容易分心。

測試結果跟假設完全相符，在人臉圖像夾雜在圓形或方形圖案中出現時，人格病態者確實如預測，比正常人更迅速準確識別出目標。而且，如同吉卜林說的，在其他人不知所措時，人格病態者也更為鎮定。

堅忍克己這項特質備受社會推崇，當然是有正當理由。在各種情況下，堅忍克己都能派上用場，比方說：痛失親人、分手後、賭桌上賭錢時，有時甚至在寫書時也用得著。不過對我來說，只有講到足球，這項特質才跟我有一點關係。身為英格蘭足球隊的死忠支持者，面對罰球決勝負時的無數次崩潰，我實在無法做到堅忍克己。

我不只是從旁觀者的角度來看這個問題。以一面心理三稜鏡來說，運動無疑是將堅忍克己的兩大要素——無畏和專注——發揮至極的最佳方式。而無畏和專注，正是人格病態者跟聖人共同具備的特質。「豈不知在場上賽跑的都跑，但得獎賞的只有一人？你們也當這樣跑，好叫你們得著獎賞。」聖保羅這樣寫道：「所以，我奔跑不是無定向的；我鬥拳不像打空氣的。我是攻克己身，叫身服我。」（哥林多前書 9:24, 26）。吉卜林的那句話會高掛在溫布頓中央球場，肯定也不是巧合……而且他的話也不僅適用於網球。在被問到運動偉大之處時，撞球傳奇選手史蒂夫．戴維斯（Steve Davis）回答說：「當比賽意謂著一切時，你就要把比賽不當一回事。『放下』沒打好的球，也要『放下』打好的球，全神貫注打好下一球。」

打高爾夫也一樣。

二〇一〇年，在聖安德魯斯舉辦的英國高爾夫公開賽中，南非選手路易．威斯泰森（Louis Oosthuien）大爆冷門獲勝。在公開賽前的賽事遭遇一連串失敗後，就算後來威斯泰森領先四桿，人們也預料他在最後回合激烈的競爭壓力下，必將功歸一潰。但是後來，他贏了。原因簡單到讓人既驚訝又難以置信：一個小紅點。這個小紅點就位於他手套拇指根部，而且相當顯眼。

小紅點是英國曼徹斯特運動心理學家卡爾．莫里斯（Karl Morris）幫威斯泰森畫上去的。威斯泰森向莫里斯尋求協助，請他幫忙糾正自己內心潛藏的人格病態，目標是將注意力集中在眼前要打的這桿球上，而不是仍為先前的表現掛懷。所以，莫里斯制定計畫，讓威斯泰森每次揮桿時都要沉著冷靜，全神貫注在小紅點上。小紅點最重要，在那個當下不是他在擊球，而是球在擊他。

最後，他以七桿奪冠。

威斯泰森的紅點是體育心理學中「過程目標」（process goal）的經典案例。過程目標的技巧就是，要求運動員將注意力集中在某件事物上，以免去想別的事。以威斯泰森的例子來說，就是要避免去想會讓他揮桿失常的所有事情。小紅點牢牢地將威斯泰森的注意力釘住。釘在當下，釘在揮桿擊球前，釘在動作實際做出前，最重要的是，釘在信心消失前。事實上，這種全神貫注於眼前事務的能力，就是匈牙利心理學家米哈利．契克森米哈賴（Mihaly Csikszentmihalyi）所說的「最佳體驗」或「心流」（flow），它是心理學家目前正在鑽研的關鍵技巧之一。這項技巧不僅出現在高爾夫頂尖高手身上，也出現在各項體育運動頂尖高手身上。

在「心流」出現的時刻，過去和未來都消失無蹤。剩下的只有一種極度緊張、不可思議、讓人全神貫注的現在，一種「全心沉浸」無法抗拒的感覺。這是一種身心與競賽結合、陶醉其中的實現，也就是所謂的績效「金三角」。在這種狀態下，時間和自我合而為一，人既掌控了一切，同時也不受掌控，你不必費力就能獲得最佳效果，處於一種身心放鬆的神馳狀態。

在這種狀態下，大腦會出現一種神經指示信號。

二〇一一年，德國亞琛大學（Aachen University）馬丁・克拉森（Martin Klasen）發現，心流時刻具有一種獨特的心理側寫。他運用功能性磁振造影技術，觀察電玩遊戲玩家的大腦，發現人們在高度專注和人格集中時，前扣帶皮層的活動會減少，這表示注意力增加，比較不會分心，跟任務無關的資訊會被抑制。

但是，情況還不只是這樣。在犯罪型人格病態者的大腦，也發現類似的模式。

同年，基爾重新啟用他那台裝設功能性磁振造影儀的特製卡車，開始在新墨西哥進行新的實驗。基爾感興趣的是：人格病態在考慮道德決策時，主要受到什麼因素影響？他們在壓力狀態下真的泰然自若嗎？在事件攸關成敗時，他們真的能產生更好的成效嗎？

如果是這樣，其中原因為何？有可能是他們大腦結構異於尋常嗎？是冷靜殘酷的認知推理過程，戰勝衝動熱情的情緒處理嗎？

為找出答案，基爾向人格病態者和正常人提出兩種不同的道德困境，分別是他所說的「高衝突性（個人）」困境和「低衝突性（個人）」困境[2]，兩者例子如下：

高衝突性（個人）困境

敵軍占領你的村子，並奉命不留活口。你跟其他人躲在地下室裡。你聽到敵軍進入躲藏的屋子裡。這時，你的小孩開始大聲哭鬧，你捂住小孩的嘴以免發出聲響。如果你把手從小孩嘴上挪開，敵軍就會聽到小孩大聲哭鬧，他們就會找到你，把你跟小孩在內的所有人都殺掉。為了保全你跟其他人的性命，你必須悶死自己的小孩。

對你來說，為了保全你自己跟其他人而悶死自己的小孩，從道德來看，是可以接受的嗎？

低衝突性（個人）困境

週末你去探望祖母，通常她會給你幾美元當禮物，但是這次她沒給。你問她為什麼，她說是因為你不像以前那麼常寫信給她。你聽了很生氣，決定跟她惡作劇。你從藥櫃裡拿幾顆藥放進祖母的茶壺裡，以為這樣做能讓她很不舒服。對你來說，為了跟祖母惡作劇而在她的茶壺裡放了幾顆藥，從道德方面來看，是可以接受的嗎？

這項預測十分簡單。基爾猜測，如果人格病態者不容易受到當時外在緊急狀況的情緒影響，在面臨生死攸關問題時，會比我們更鎮定、冷漠和堅強。那麼，他們跟正常人最明顯的區別應該出現在高衝突性（個人）困境中，也就是衝突性很大，問題跟自己密切相關的時候。結果證明，正是如此（見圖7.1）。

在高衝突性困境下，人格病態者確實比正常人更傾向於以功利主義做判斷，來認定「道德上可以接受」的事。跟在道德上比較脆弱的對照組相比，人格病態者更容易悶死孩子，或者至少能更從容應付這種行為帶來的痛苦。而且，假設實驗中的情境是真的，他們可能更有機會存活，也能保住躲在地下室同伴的性命。

但是，事情還不只這樣。如同我在第三章威廉·布朗號那個例子的發現，基爾和他的

2 基爾和他的合著者也把第三種困境列入書中，他們稱之為「客觀類困境」。這個困境採用富特提出的火車難題（詳見第一章）的原始形式。在客觀類困境中，選擇（由扳動開關做出）是否將失控的火車開離原來軌道，只殺死另一條軌道上的一個人，而非原來軌道上的五個人。

合著者也發現，大致來說，人格病態者在衡量眼前道德困境時所花的時間，同樣比非人格病態者花的時間要少。他們能夠更快做出合適的決定。不只如此，就像克拉森在心流狀態下的發現，這種反應時間減少也伴隨著前扣帶皮質活動的減少。

但是，難就難在這裡，只有在高衝突性困境才會出現這種情況。在低衝突性困境中，這種慎重程度的差異就消失了。人格病態者跟非人格病態者一樣，都可能否決把幾顆藥加進祖母茶壺裡這種主意。

圖 7.1　人格病態者更不容易受到道德約束，但只有在衝突強烈、利害關係極大的情況下。

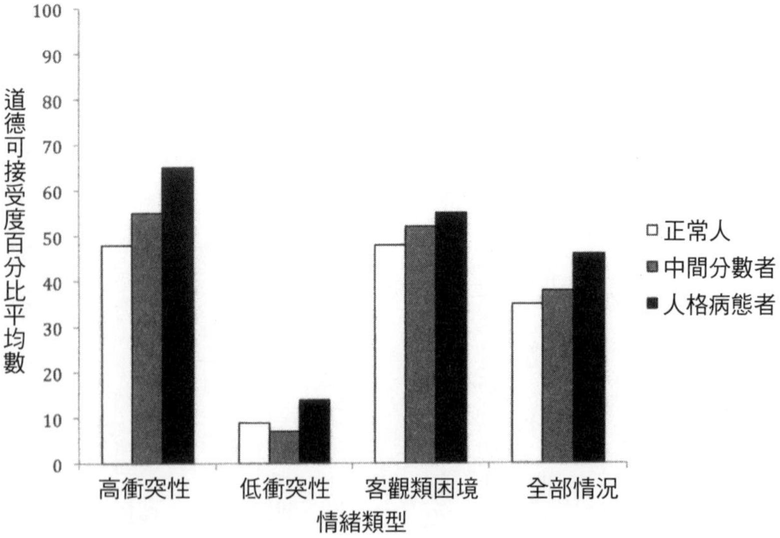

結論似乎相當明確。在賭注很高、無路可退的情況下，你會更希望跟人格病態者站在同一方。但是如果沒有利害關係，那就沒必要跟人格病態者在一起。人格病態者脫離「心流」狀態時，就跟我們大家一樣，要花同樣的時間才能做出判斷。

腦電圖研究透露，在面對極端有趣或極其振奮的任務和情況時，人格病態者跟非人格病態者的腦部反應方式，確實出現差異。跟非人格病態者相比，如果出現不好的預兆，人格病態者大腦的左腦前額葉（左前額正後方）區域明顯活躍很多。左右腦活躍情況不對稱，會大幅減少焦慮，強化積極情緒，加強注意力，更渴望得到獎勵。而且，左右腦活躍情況不對稱似乎還會提升精神狀態。威斯康辛大學神經系統科學家理查・戴維森（Richard Davidson）發現，喜馬拉雅山裡的精神智者，也就是佛教僧人中的精英，他們沉浸在深度冥想時剛好也發生同樣情況。

「許多證據顯示，優秀運動員都培養出讓自己全神貫注和控制焦慮的心理技巧。」英國艾斯特大學（University of Exeter）運動心理學家提姆・里斯（Tim Rees）這樣解釋。他還補充說，「也有許多證據顯示，一旦個人達到一定的技能水準，就必須透過個人心理技巧的差異，將這些頂尖精英分出高下。」

正如基爾告訴我們，在某些攸關生死的關鍵時刻，讓偉大跟優秀有所區別的，就是內在的心理本質。

而且，內在精神本質的差別，也是關鍵所在。

活在當下

契克森米哈賴跟其他人對於「活在當下」即可消除焦慮的觀點，當然不是什麼新鮮事。舉例來說，「正念」就是八聖道的第七道，而八聖道是二千五百年前佛陀喬達摩．悉達多最重要的教義之一。

菩提長老是小乘佛教的一名和尚，他在《八聖道——滅除煩惱之路》一書中，描述取得正念所需的訓練：

> 修習正念即是訓練將心安住當下，保持開放、平靜而警覺，去直觀當下正在發生的事。同時，所有判斷和詮釋都要中止，一旦它們生起，只需覺知並放掉。

根據小乘佛教《巴利文大藏經》的主要論說之一《大念處經》所述：不斷進行這種訓

練，最終可「正知正念，舍離世間之欲貪、苦惱」。

如我們所見，人格病態者似乎天生就具備這種特質。

但是，西方的人格病態和東方的超然思維之間的相似處還不只如此。最近，像前一章提到的牛津大學心理學家威廉斯和後來提到的心理學家戴維森，都開始進行創新整合實證流程，以一種更系統化、以治療和臨床導向的架構，探討佛教冥想練習讓人恢復良好狀態的功效。

到目前為止，這些研究進展順利。

同前所述，干擾心念是一種特別有效的後設認知策略，可以有效處理焦慮和憂鬱這兩種情況，而人格病態者對這兩種情況則有異常強大的免疫力。

如同預期，這種療法的基本原理主要源自於傳統佛教教義，但還另外加入一項要素，也就是如孩童般天真的求知欲。這一點很容易讓人聯想到第二章探討「五大人格」中的「經驗開放性」。如果你還記得的話，人格病態者在這個項目的得分非常高。

二〇〇四年，加拿大精神病學家史考特・畢夏普（Scott Bishop）在以此為主題的發展性論文中解釋說：「『正念』的第一要素涉及到注意力的自我調節，好讓注意力集中在當下的經驗，從而增加對當下心理事件的認知。第二個要素涉及對個人當下體驗採取一種特定方針，這個方針的特徵就是好奇心、開放性和贊同。」

或者，如武術禪僧大師們所說的初心，也就是「初學者的心態」。近代最著名佛教導師之一鈴木俊隆闡釋說：「初學者的內心發展有無限可能，但專家的內心發展卻極其有限。」

這樣講應該沒有人不同意。當狄更斯決定送給史古基過去、現在和未來這三個幽靈，那是因為他知道這三個幽靈也一直困擾我們所有人的心靈。但是，如果把思緒完全專注在眼前，把充滿抱怨指責的過去和虛幻惱人的未來剔除在外，焦慮不安的感覺就會開始消退，洞察力也會變得敏銳。而且，問題就成為效用之一：當我們擁有「現在」，我們能對這個龐大有力的「現在」做什麼？我們是像聖人那樣「品嘗」這個時刻，或像人格病態者那樣「把握」當下？我們會思考體驗的本質，或在瘋狂追求立即滿足的過程中，把注意力完全集中在自己身上？

如同我在《瞬間說服》一書中的記載，幾年前我到日本一座偏遠佛寺，尋找一個難解謎題的答案。這跟一項測試有關，而這項測試就由那些武藝及精神境界都出神入化的大師來進行。

這項測試進行時，有一人需屈膝跪坐，雙手垂放身體兩側，矇上雙眼，另一人站在背後，用手將武士刀高舉在跪坐者頭頂上方。在對手不知情的脆弱情況下，站立者自己決定何時鬆開手上的刀，讓刀落向跪坐者身上造成傷害，甚至可能導致死亡——除非這一刀落下時意外出現偏差。當然，站立者最後手中也沒有武器。

這件事似乎是不可能的任務，但事實並非如此。我剛才描述的測試是事實，是精心設計、精緻古老的儀式，在日本和喜馬拉雅山的神祕道場進行。那些追求至高無上境界者定期接受這項測試，他們是幽靈般的心靈低語者，遠比黑帶高手厲害得多。

現在基於仁慈，這項測試已改用塑膠刀。但在很久以前，用的可是貨真價實的刀。

一位年過八旬、鮮為人知的老師父透露其中的祕密。

在古老的丹沢山山毛櫸林深處，我們盤腿坐在雲霧飄渺、種滿紫丁香的花園裡，老師父對我說：「必須徹底清空頭腦、專注於當下。一旦進入狀態，就能感受到時間，感受到時間之流沖刷過你的感官。你能感受到遠處的細微變化，與天地合而為一，通常二名武士看起來步調一致，同時採取行動。但實際情況並不是這樣，而且這並不難，祕訣是熟能生巧。」

回想老師父的話，讓我想起第四章那位神經外科醫生說的話。只是幾年前我去日本時，還沒見過這位醫生，不然我一定會跟老師父講起那位醫生在進行高難度手術前的感受。而那位身穿黑色劍道褲裙和血紅色和服的老師父，想必會面露微笑。外科醫生將自己的心理狀態稱為「超理智」，也就是極端精確和清晰的超常意識狀態。這描述似乎跟老師父說的心境十分相似：也就是矇著雙眼跪坐地上者，要解除懸於頭頂上方的武器所需進入的心智狀態。

我也想起紐曼的研究。如果你記得的話，紐曼在威斯康辛大學實驗室裡證明：在某些情況下，人格病態者不是感受不到焦慮，而是沒有注意到威脅，因為他們全神貫注於手邊的事情，至於會讓他們分心的外界事物，就被毫不留情地過濾掉。

當然，講到人格病態者，這種專注力就會被當成惡意看待。人們認為他們是在城市裡游蕩的冷酷兇手，像貪婪的螳螂那樣搜尋下手的理想目標；或把他們當成排斥異己的獨裁者，無視道德和法律，一心只想著追求主宰文化和政治的野心。

對於人格病態者，很少有人考慮到仁慈、超凡或精神內涵這些特質。

但是，最近有許多研究開始對這種根本不可能的可能性做出新的見解，試圖促成一種漸進卻根本的重新評估，瞭解當人格病態者究竟是怎麼一回事。

英雄與惡棍

雪梨麥覺里大學的馬哈穆特還有一項超乎尋常的發現。看來，人格病態者並非總是冷酷無情、麻木不仁。其實，在適當情況下，他們比我們其他人還更無私。

馬哈穆特進行一項研究，包括向路人求助的一系列真實情景（志願者先前都接受過人格病態測驗，並依據測驗結果分為高分和低分兩組）。

不過，這項研究有個陷阱。求助者和路人都不是隨機抽樣，他們其實是馬哈穆特的同夥，一起進行專為調查人格病態與助人行為之關係而設計又有點殘忍的獨特實驗。

實驗包括三個部分。在第一部分，馬哈穆特的同夥假裝迷路，直接向路人問路。在第二部分，求助的「請求」不那麼直接明顯：一位女士運氣不好，手裡一疊紙掉落、撒了一地。在第三部分，求助的請求變得更不明顯：實驗室研究員假裝手斷了，沒辦法做一些簡單的工作，像是打開瓶裝水，或在登記簿上填寫參與者資料，但她仍然堅強地做好份內工作。

馬哈穆特想知道，在這三種情況下，誰最可能伸出援手：是冷酷無情、鐵石心腸的人格病態者，還是更熱情、更有同理心的對照組？

研究結果讓馬哈穆特相當震驚。事實上，結果太離譜了，他到現在還不明就裡。

在實驗的第一部分，同謀向「路人」問路。如同預期，人格病態者提供幫助的比例，比非人格病態者更少。這一點並不讓人意外。不過，在第二部分，也就是紙張散落時，兩組志願者在利他方面的差別竟然神祕消失了。人格病態者和非人格病態者提供同樣程度的協助。

但是，在同謀假裝受傷的第三部分，馬哈穆特原本以為人格病態者會更不願意伸出援手，結果事實正好相反。

人格病態者更樂意走上前幫忙打開瓶裝水，並在登記簿上填上自己的名字。在需要協助者最為脆弱又沒有主動尋求協助時，人格病態者會主動提供協助。在緊要關頭，人格病態者比一般認為更熱情、更有同理心的非人格病態者更可能伸出援手。

馬哈穆特的實驗結果一定讓不少人跌破眼鏡。然而這件事或許沒有什麼好驚訝的。當然，如同某些憤世嫉俗的開明人士曾指出，其中一項原因可能是，真正利他行為根本不存在。無論我們把真實的自己隱藏得多好，人總有一份隱密、自私又無恥的動機。在馬哈穆特的研究中，人格病態者善用本身對脆弱高度敏感的特質，不費吹灰之力就「聞到血腥味」。還記得布克的實驗結果吧，跟非人格病態者相比，人格病態者只要從人們走路的姿態，就能找出下手對象，選定暴力襲擊的受害者。

小說家毛姆（William Somerset Maugham）在《人性的枷鎖》（*Of Human Bondage*）中寫道：「你所做的每一項善舉都潛藏著自我滿足的愉悅。人們的所做所為是因為對自己有好處，人們只有在這些行為對他們有好處又被認定是善舉時才會行動……你是為個人愉悅，才施捨幾枚硬幣給乞丐，就像我為了個人愉悅，會再喝杯威士忌加蘇打水。我可不像你是個騙子，所以我不會替自己的愉悅鼓掌，也不需要你的讚美。」

不過，從另一方面來看，有證據顯示馬哈穆特的發現並非偶然。而且，馬哈穆特的研究，也為這方面在實證和理論上的焦點出現新轉變，揭開序幕。現在，這領域從傳統由神經造影技術產生貶抑人格病態的生理側寫，改由功能性「正向」人格病態，這種更務實應用的研究前進。舉例來說，紐約城市大學約翰傑伊刑事司法學院（City University of New York: John Jay College of Criminal Justice）的黛安娜．法肯巴赫（Diana Falkenbach）和瑪麗亞．楚卡拉斯（Maria Tsoukalas），最近開始研究所謂「適應性」人格病態特質的發生率。研究對象是她們稱為「英雄職業」的第一線專業人員，比方說：執法人員、軍人和救援人員等。

她們的發現跟馬哈穆特的研究結果十分吻合。儘管這些人身體力行對社會有利的生活方式，但是從某方面來說，這群英雄也很強悍。或許這並不令人意外，因為他們所從事的職業有危險性，所以跟大多數人相比，他們在《病態人格量表》中的無畏、自制和冷酷無情等人格病態特質上得分較高，因此他們比較不會焦慮不安，社會地位較高，並能承受更大的壓力。但是，另一方面，他們又沒有像人格病態罪犯那樣以自我為中心的衝動特質，好比說：為達目的不擇手段、自戀、不顧後果、漫無計畫和反社會行為等特質。

這種心理側寫跟美國心理學家菲利普・金巴多（Philip Zimbardo）對英雄形象的剖析一致。金巴多是英雄想像計畫（Heroic Imagination Project）創始人，這項計畫的宗旨是要教育人們瞭解社會影響力的狡詐技術。或者更確切地說，是要讓人們知道如何抗拒這些巧妙技倆。一九七一年，金巴多在史丹佛大學心理系大樓地下室設立一座模擬監獄，隨機指派十二名學生志願擔任囚犯，再隨機指派十二名學生志願扮演警察。後來這項實驗也讓史丹佛大學心理系從此聲名大噪。

這項研究才進行六天就被迫放棄，原因是一些「警察」濫用職權，開始虐待「囚犯」。四十年後，金巴多參與一個截然不同的計畫：培養我們大家內在的「英雄氣概」。在找到體內影響我們成為惡棍和受害者的鬼魅後，現在金巴多開始反其道而行：想方設法在平民百姓因為恐懼而默不作聲時，讓他們能挺身而出、發揮影響力。這時，人們不僅要應付生理上的挑戰，也要克服心理上的挑戰，因為在不同情況下，對抗心理上的衝突其實是相當艱鉅的挑戰。

「在人生的某些時候，我們因為眾人的期待，必須抉擇要當英雄。」金巴多告訴我，「要當英雄，就不要在乎別人的想法，也不要害怕後果和失敗。問題是，我們是否打算做出這樣的抉擇？」

在金巴多的辦公室裡，我們一邊喝咖啡一邊討論對英雄心理與生理衝突的恐懼、服從和道德約束。不出所料，我們又談到群體思維，先前在第三章講到「挑戰者號」失事時就提過，社交影響力對群體施加壓力，以早期對這方面做過研究的美國心理學家艾爾文·珍妮絲（Irving Janis）的說法就是，「心智效率、現實考驗和道德判斷的退化」。

金巴多引用這方面的另一個例子，也就是第二次世界大戰時日軍突襲珍珠港。一九四一年十二月七日，日本帝國海軍突襲美國夏威夷歐胡島海軍基地。這次突襲意在先發制人，防止美國太平洋艦隊阻礙日軍對馬來半島和荷屬東印度群島同盟國軍隊的入侵計畫。事實證明，這次突襲讓美軍受到重創。美國總共有一百八十八架軍機被毀，二千四百零二人喪命，一千二百八十二人受傷，促使時任美國總統羅斯福隔天正式對日本帝國宣戰。美國國會在短短不到一小時內，就通過宣戰決定。

但是，珍珠港事件可能被阻止嗎？災難性的傷亡和混亂好戰的後果可能扭轉嗎？證據顯示，是有可能的。錯誤的假設、未經確認的共識、根深蒂固的偏見及自以為堅不可摧，這一系列的群體思維因素，都是美國駐夏威夷海軍官員嚴重缺乏戒心的原因。

舉例來說，在攔截日本情報方面，美國有可靠消息指出日本準備發動攻擊。美國首府將這項情報轉給珍珠港軍情指揮官，但這名指揮官卻忽視這項警訊。他以為這只是武力恐嚇，是日本為了保住敵國領土內的使館才要出的手段。理由包括：「日本絕不敢對夏威夷發動全面突襲，因為他們很清楚這樣做會引發全面戰爭，而美國勢必會贏」；「即使日本真的蠢到派航空母艦襲擊美國，我們一定會察覺，也有足夠時間殲滅他們」。歷史證明，他們錯了。

在做為心理疑難排解，以及英雄行為具備的無畏和堅毅等精神特質的適當實例時，「挑戰者號」失事跟珍珠港事件讓我們發現，金巴多的研究跟法肯巴赫與楚卡拉斯的研究，兩者之間出現有趣的對照。我們先前在第三章探討像魅力、低焦慮和壓力免疫這些人格病態特質，可能透過促使衝突解決的習性，而在演化基因庫中占有一席之地，法肯巴赫與楚卡拉斯的研究也證實，這些特質在英雄人物身上更為常見。如果你記得前文所述，黑猩猩、短尾猴和大猩猩中的統治者，都透過干涉下屬之間的紛爭來爭奪配偶。

不過還有另一解釋，而且當然跟先前的解釋沒有互斥。這些人格病態特質或許已經演化並經得起時間的考驗，但正好相反，是因為它們其實擁有煽動衝突的能力。

這個觀點符合人們對人格病態演化的較正統解讀。傳統上，達爾文學說對人格病態的解釋主要是依據人格障礙中離經叛道的一面，也就是人格病態者對社會傳統毫無顧忌的態度（參見第二章反社會型人格障礙的第一項標準：「無法遵守社會規範」）。像誠實、可靠、責任和一夫一妻制[3]這些傳統，還有從歷代社會根深蒂固的傳統，像服從社會規範，勢必會導致人們做出危險錯誤的決策，因此在危險動盪的年代，就會造成人類自相殘殺的可怕景象。

這就是大衛戰勝巨人哥利亞的法則：大衛這個小傢伙處變不驚，冷靜沉著地拿出囊中的石頭，用彈弓射向巨人，不理會內心無利於情勢的同理心所產生的壓力。這就是勇者無懼、獨排眾議的行徑。

3 無疑地，不顧一夫一妻制當然會導致濫交，也會擴大基因傳播的範圍。

連續殺人犯是否有同理心

研究人員與臨床醫生通常認為人格病態者不會「產生」同理心，因為他們的杏仁核區活動並不明顯，對事物的感覺跟我們全然不同。研究透露，人格病態者看到痛苦景象時，比方說看到饑荒難民時，他們大腦裡掌管情感的「開關」根本沒有打開：以功能性磁振造影儀來觀察，他們的大腦就像是把情感的百葉窗拉下，神經處於停工狀態。

如我們所見，有時這種停工狀態反而具有優勢，比方說：從事醫學工作就能因此受惠。但是，有時窗簾會完全擋住光線，完全無法穿透黑暗。

二〇一〇年夏天，我搭機前往美國維吉尼亞州匡提科（Quantico），到聯邦調查局行為分析部門採訪督導特務詹姆斯．比斯利（James Beasley）。比斯利是美國人格病態者與連續謀殺案方面最權威的人士之一，他所涉獵的範圍相當廣，從兒童綁架犯到性侵犯，或從毒梟到縱慾殺手都非常瞭解。

他在聯邦政府工作的二十七年當中，後十七年待在國家暴力犯罪行為分析中心，因此見多識廣，沒什麼怪事是他沒聽過、見過或處理過的。但是幾年前，他審問過一名犯人，那人體溫極低，甚至差一點讓溫度計破裂，讓他大感驚訝。比斯利解釋：

「當時發生一系列持槍搶劫案，不管是誰幹的，這幫人開槍時根本毫不猶豫。通常犯罪者只是持槍威脅，不會開槍。

「但是這傢伙不一樣，他總是近距離對著受害者頭部開一槍。我當時就確定，我們面對的是一名人格病態罪犯。此人冷血無情、心狠手辣。但他有一件事不太對勁，讓我感到不安。

「在某次犯罪後，他槍殺受害人不久後，就被我們抓到。那次他從犯罪現場拿走受害人的一件夾克。我們怎麼想都想不通，通常嫌犯從謀殺現場拿走衣物，只有兩種可能：一是這件衣服跟性犯罪有關，二是嫌犯想把這件衣服當成戰利品。但是這兩種狀況都不符合這傢伙的心理側寫。我不知道怎麼說，這傢伙太……功利導向。我是說，他是個功利主義者，會不顧一切地做對自己有利的事。

「所以，我們審問他為什麼要拿受害者的夾克，你知道他怎麼回答？他說：『喔，那個啊，只是一時衝動。我走到門口準備離開時，看到那位老兄癱在櫃台上，我突然想到這夾克跟我的襯衫蠻搭的。所以，管他的，反正那傢伙已經死了，哪裡也去不了，於是我就把夾克拿走。那天晚上我穿著那件夾克上酒吧，其實我還把到妹上床呢。你可以說那是我的幸運夾克。對那老兄來說是不幸，對我來說卻是幸運的……』」

聽到這種故事，讓人難以相信人格病態者會知道同理心是怎麼一回事，就更別說要他們體驗同理心。不過令人吃驚的是，許多實驗，比方說：馬哈穆特的研究證實，人格病態者在某些情況下，似乎比我們更有同理心。或者說，他們更樂於助人。此外，費克圖及其同事的研究也顯示，跟非人格病態者相比，人格病態者的鏡像神經元系統更加活躍，尤其是大腦皮質體感區神經細胞，這些細胞協助我們識別他人是否處於身體疼痛。

人格病態者是否比別人更有同理心，或更能體會他人感受又不受他人影響，還是他們比較擅長假裝對他人感同身受，目前這問題的答案還不得而知。不過，這倒是一針見血地探討人格病態真實本性的有趣問題，而這方面的激烈爭論也勢必會延燒多年。

我拿這個問題向比斯利詢問，連續殺人犯是否有同理心。我問他，以他的經驗來看，測試結果顯示連環殺手有同理心嗎？我很確定自己早就知道答案，但比斯利的回答讓我吃了一驚。他說：

「說連續殺人犯缺乏同理心，這種觀點容易讓人誤解，當然，確實有像亨利・李・盧卡斯（Henry Lee Lucas）[4]這種殺手，他們認為殺人就跟壓扁一隻蟲子一樣。這種連續殺人犯就像殺人機器，他們不斷殺人，為了逃避追捕而像流浪漢一樣四處藏匿。對他們來說，缺乏同理心反倒幫助他們躲避追捕。死人不會告密，不是嗎？

「但是對於另一類型的連續殺人犯，也就是我們說的施虐型連續殺人犯，殺人本身就是目的之實現。他們有更強的同理心，而同理心滿足兩個重要意圖。

「以連續性侵殺人魔泰德．邦迪為例。邦迪擅長假裝受傷或殘障，比方說：手臂吊上繃帶或拄著拐杖，藉此誘惑受害者上當，他下手的對象都是女大學生。至少在理智上，邦迪知道怎麼做可以獲取她們的協助，取得她們的信任。要是他不懂得換位思考，哪可能每次都這麼順利騙她們上當？

「我相信答案是，不可能。施虐型連續殺人犯必備的條件就是，有一定程度的認知同理心，也對『心智理論』有所瞭解。

「不過，從另一方面來看，他們還得具備某種程度的情感同理能力。否則，他們如何能從受害者的痛苦得到愉悅？如何從鞭打、折磨受害者中得到快感？答案很簡單：一定要有情感同理能力才能以施虐為樂。

---

4 盧卡斯是美國一名作案無數的連續殺人犯，被稱為「史上最大惡魔」。警方後來根據他的供詞，找到二百四十六具受害者遺體，隨後就其中一百八十九具遺體將他以謀殺罪起訴。盧卡斯瘋狂殺人時間長達三十年，從一九六〇年跟媽媽吵架刺死媽媽並性侵其遺體，之後陸續犯案直到一九八三年因非法持有武器被捕。一九七〇年代後期，盧卡斯跟同夥奧蒂斯．圖爾（Ottis Toole）一起開車在美國南部各州游蕩，主要找搭便車的人下手。有一次，他們開車跨越二個州，才想到車後座還放著最近幾名受害者的頭顱。盧卡斯曾說：「我對這些人沒有任何感覺，也對這些罪行無感。我會讓他們搭便車，開車遊玩。我們處得不錯也玩得開心。等我玩膩了，就把人殺了，然後隨便找地方把屍體扔了。二〇〇一年，盧卡斯心臟病發作死於獄中。一九八六年，他的故事被改編成電影《連續殺人犯的一生》（*Henry: Portrait of a Serial Killer*）。」

「所以，雖然聽起來可能很奇怪，但重點就是，施虐型連續殺人犯對受害者的痛苦感受，就跟你我感受到的如出一轍。他們既能從認知上客觀地感受，也能從情感上主觀地感受。但是，他們跟我們的區別在於，他們把這種痛苦轉變成自己主觀的愉悅。

「其實，我們甚至可以這樣說：他們的同理能力愈強，所獲得的愉悅就愈多。」

在大多數情況下就是如此。但是，我坐在那裡聽比斯利這樣說時，我開始整理思緒，也突然明白其中的道理。

莫蘭特是世上最冷酷無情的騙子之一，他已經被確診為精神病患者，但他對同理心可是相當瞭解。所以，他才這麼厲害，這麼冷酷無情、熟練專注，有辦法準確找出受害者的心理弱點。

在費克圖所做的鏡像神經元研究中，人格病態者比非人格病態者表現出更強的同理心。費克圖給志願者觀看一段描述身體疼痛的情景：一根針扎進手裡。

當然，後來還有馬哈穆德進行向路人求助的實驗。其實，人格病態者在看到「手臂斷掉」的畫面時，比非人格病態者展現出更強的同理心。對這一發現，或許連馬哈穆德本人都大感驚訝。

但是，這件事當然沒有讓比斯利感到驚訝。

「這種事如我所料，」他毫不猶豫地說，「但我認為，這跟測試哪種類型人格病態者也有關係。」

比斯利跟我提起艾默里大學心理學家艾弗雷德．海爾布倫（Alfred Heilbrun）在一九八〇年代進行的一項研究。海爾布倫分析超過一百五十名罪犯的人格結構，區分出兩種截然不同的人格病態者：一種是無法控制衝動、智商低又缺乏同理心（像盧卡斯這類），另一種是擅長控制衝動、智商高、虐待成性且同理心強（邦迪和萊克特這類）。

但是資料隱瞞一個令人毛骨悚然的事實。其實，根據海爾布倫的分類，同理能力最強的那群人，是極端暴力的高智商人格病態者，尤其是性侵犯。在性侵過程中，性侵犯偶爾感受到受害者的痛苦，但也因此得到快感。海爾布倫指出，讓別人遭受痛苦和折磨的暴力行為，通常是刻意安排而非一時衝動，而且就是透過展現同理心及對受害者經歷痛楚的瞭解，激發他們的犯罪動機，並在施虐過程中獲得快感。

然而，並不是所有人格病態者都對別人的感受麻木不仁。有些人格病態者跟我們一樣，能夠察覺別人的感受，只是他們選擇對這些感受無動於衷。

開放冥想

有一部分的人格病態者是有同理心的，他們對別人情感感同身受的程度，甚至超過我們正常人。這一點正好說明為什麼在布克的「弱點識別」研究中，人格病態者比我們更擅長從人們行為舉止中察覺蛛絲馬跡。他們能從心靈受創受害者的走路姿態，判斷受害者的心理狀態。

不過，如果你認為只有人格病態者才能察覺到肉眼無法識別、他人的深層情感或潛在壓抑的細微感覺，那你就錯了。加州大學柏克萊分校的保羅·艾克曼（Paul Ekman）指出，在一項微表情處理任務實驗中，二名精通冥想的西藏僧人表現得比法官、警察、精神科醫師、海關官員更好，他們甚至比特務幹員更厲害。在他們進入實驗室接受任務前，已有五千多名參與者試圖完成這項任務，但是最後只有這二人成功達成任務。

這項任務包括兩個部分。首先，電腦螢幕上會出現代表六種基本情緒（憤怒、悲傷、高興、恐懼、厭惡和驚訝）圖片的其中一種。圖片在螢幕上停留的時間足以讓大腦進行處理，卻不足以讓受試者有意識說出自己看到什麼。在任務的第二部分，受試者必須從後續展示的六張圖片中，找出之前電腦螢幕上出現過的面孔。

通常，這種選擇是憑運氣。經過一系列的試驗，測試者的成功機率大概只有六分之一。然而這兩位僧人的成功率卻高達六分之三或六分之四。艾克曼推測，其中的奧祕或許出在，他們擁有一種更強、幾近超自然的微表情閱讀能力。所謂微表情，就是我們之前提到的那種極其細微在毫秒內閃現的表情，微表情在大腦還沒來得及反應前，就已經牽動臉部肌肉，把我們內心真實感受表露在臉上。如果真是這樣，那麼這兩位僧人就擁有跟人格病態者一樣的能力。英屬哥倫比亞大學的薩賓娜·德梅特里夫（Sabrina Demetrioff）最近發現，在海爾的《病態人格檢測表修訂版》中得分較高的測試者就擁有這種閱讀微表情的能力，而且他們特別擅長辨識恐懼和悲傷這兩種表情。

更有趣的是，艾克曼把之前接受測試的兩位僧人的其中一位，帶到同事羅伯特·利文森（Robert Levenson）在柏克萊生理心理學實驗室，想評估這位僧人的應變能力。實驗中，他們在這名僧人身上接上一台設備的各種線路。這個設備十分敏感，就連人體自主反應中最細微的波動，像是肌肉收縮、脈搏次數、排汗情形和皮膚溫度變化等，都能檢測出來。僧人被告知，實驗過程大約持續五分鐘，在這個過程中，他會突然聽到爆炸的轟然巨響（艾克曼和利文森在這種情況下決定，採用相當於距離耳朵只有幾公分處開槍的音量，這是人耳能夠容忍的最大音量）。

實驗人員會提前警告僧人，接下來會突然聽到爆炸聲，請僧人盡可能抑制無法避免的「吃驚反應」。也就是說，可能的話，盡量表現出他根本沒有聽到爆炸聲。

這種實驗艾克曼和利文森當然已經做過很多次也失望很多次，所以他們並不指望有奇蹟出現。之前走進實驗室大門的幾百名測試者中，沒有人能讓心腦電圖呈現為一條水平線。就連警察中最優秀的神槍手，也沒辦法做到。突然聽到巨響卻毫無反應，是不可能的，監測器總會測出一些變化。

他們認為，這次測試的結果可能也差不多。

不過，他們以前從沒測試過精通冥想的西藏僧人。而且讓他們吃驚的是，他們終於找到突然聽到巨響還能氣定神閒的人。就好像違背人類生理學的所有法則，這名僧人對爆炸聲沒有做出絲毫反應。他沒有跳起來，沒有畏懼，他什麼反應也沒有。心腦電圖一直是一條水平線。槍響了……僧人還坐在那兒，像雕像一樣。這麼多年來，艾克曼和利文森從沒見過這種事。

「當他試著抑制驚嚇時，驚嚇就消失了。」艾克曼之後這樣說，「我們從沒遇過能做到這樣的人，其他研究人員也沒遇過。這是一種驚人的成就。我們根本無法用解剖學解釋他為何能抑制驚嚇反應。」

其實，這位僧人在爆炸聲突然響起那一刻，正在進行一種名為「開放冥想」（open presence meditation）的修行，讓自己以不同觀點看待外界發生的事。

這位僧人這樣解釋實驗結果：「我在進行開放冥想時，不是主動設法控制驚嚇，而是讓自己像坐在很遠的地方聽到爆炸聲那樣，所以爆炸聲似乎變得微弱許多……但是如果我分神了，爆炸聲就會突然出現在耳邊，會嚇得跳起來。但是在開放冥想的狀態下，就能安住於當下，所以突然的巨響就像天空中飛過一隻小鳥，最多只是心思稍微受到干擾。」

我真好奇，他們有沒有檢查那位僧人的聽力有沒有問題。

公路劫殺

之前提到艾克曼、利文森和戴維森所做的研究，支持這項普遍的共識：培養和保持一種放鬆的心境可以大大幫助我們應付現代生活的壓力來源，也有利於我們正確感知這些壓力來源。當然，能像西藏僧人那樣在精神修練上登峰造極的人少之又少。但是這個實驗也告訴我們，幾乎所有人都可以從保持一時的沉靜鎮定而受益。

不過，人格病態者似乎例外。事實上，對待這類問題，人格病態者並不是像僧人那樣，透過有意識的冥想來實現內心的平靜。同前所述，人格病態者在處理道德困境時的優異表現，是因為他們有與生俱來的天賦。而且，他們在認知決策方面的測試結果也成為這項結論的佐證。另外也有從情緒反應的基礎研究進一步證實，人格病態者確實具有冷靜沉著的天賦。

佛羅里達州立大學的克里斯・派崔克（Chris Patrick）進行一項實驗，這項實驗跟稍早提過的情緒干擾研究類似。派崔克讓人格病態者跟正常人分別觀看一連串恐怖、噁心和愉悅的圖片，並比較他們的反應。藉由測量所有生理數據，包括血壓、排汗、心率和眨眼速率，派崔克發現人格病態者表現出的興奮程度，比正常人低很多。用專業術語來說，人格病態者的情感反應程度較弱。

十一世紀佛教大師阿底峽尊者曾經寫道：「人最大的財富是自制，最神奇的魔力是傳遞能量。」從某種程度上來說，人格病態者在這方面似乎超前我們。

但是，這種「超前」在本質上未必只是比喻，而是實際行為。有時候，在講到我們對情緒刺激的反應時，人格病態者同樣也「超前我們一步」。

而這種終生遊歷的生活需要苦行、禁欲，十分艱苦。隨遇而安的雲遊生活是人格病態的一個核心特質，跟傳遞能量一樣，根植於靈性開悟這種傳說的古老基礎。舉例來說：在阿底峽尊者那個時代，精神始祖就是沙門或雲遊僧，而斷、捨、離、孤獨、無常和冥想的理念，就是效法佛陀本人的開悟之道。

當然，現今沙門精神已蕩然無存：涅盤的荒原上、星星劃過的十字街頭只有鬼魂出沒。但是，在酒吧、汽車旅館和賭場等霓虹燈下的陰影中，人格病態者依然精力旺盛地活著，跟僧侶祖先一樣，以雲遊流浪的方式存在。

以連續殺人犯為例。美國聯邦調查局根據最新數據估計，在美國幾乎隨時有三十五到五十名連續殺人犯在作案。不管用什麼標準來看，這個數字都太龐大了。但是，如果進一步探討為什麼會出現這種情況，我們很快就會開始質疑，其實這個數字不是應該更多嗎？

美國州際高速公路就像罹患思覺失調症的一隻野獸。白天，休息站人來人往，有一種家庭聚會的氣氛。但是夜幕低垂後，氣氛很快就起變化。許多休息站裡，毒販和妓女四處游蕩尋覓獵物，想不費力氣賺錢，卡車司機和流動工人就是他們賺錢的對象。

這些女子的家人不會牽掛她們，她們當中有很多人被埋在全美各地的備用車道和荒地裡，經過好幾個星期甚至好幾年後，才會在離原本上車幾百哩遠外的地方被發現。警方最近發現在長島連續殺人案其中一位受害者的遺體，年齡在五到十歲之間。在我撰寫這本書時，這個案子總共有十名殺人犯涉案，連續作案時間超過十五年。盧卡斯究竟奪走多少條人命，答案恐怕永遠無法揭曉。美國腹地廣大、目擊者少、各州司法獨立管轄，加上受害者和違法者經常「來來去去」，這些因素加起來，就讓相關調查機構在收集數據調查案件時相當頭大。

我問一名聯邦調查局特務，人格病態者是否特別適合哪種工作。

他搖搖頭。

「嗯，他們一定能成為很棒的卡車司機。」他輕聲笑道。「其實，我甚至想說，在美國，卡車很可能是連續殺人犯犯罪工具中最重要的一項設備。它既是作案手法，也是逃跑工具。」

這位特務是一個執法小組的成員。這個小組最近正在進行聯邦調查局的公路連續殺人方案，這項方案旨在加速美國複雜司法獨立管轄部門間的資料流動，讓社會大眾對這類謀殺案件提高警覺。

這項方案的推動純屬偶然。二〇〇四年時，奧克拉荷馬州調查局的一名分析師監測到一個模式。在奧克拉荷馬州、德州、阿肯色州和密西西比州的四十號州際公路沿線，陸續發現被謀殺的女性屍體，而且發現的時間間隔有規律性。暴力犯罪緝捕計畫（涵蓋殺人犯、性侵犯、失蹤人口和不明身分遺骸的全國資訊網）的分析師，設法掃描資料庫，調查其他地方的公路殺人案是否也有類似規律。

果然找到了，確實有些類似案件存在。到目前為止，後續調查已在公路沿線上找到五百多名謀殺案受害者，也找到大約二百名嫌疑犯。

那位特務桌後的牆上貼了一大張美國地圖，上面標註許多時間軸、犯案熱區和紅筆標示的謀殺路線。他說：

「人格病態者都是遊魂，他們四處遊走才能存活，他們不像正常人需要跟他人建立親密關係，所以一輩子飄泊不定，再遇上受害者的機率很小。

「但是他們也會施展魅力，從短期或中期來看，這樣至少讓他們在一個地方待久一點，因而消除他人疑慮，也趁機尋找下手對象。在某些案例中，這種魅力很神奇，儘管你知道他們冷若冰霜，一旦被他們盯上可能很快就把你殺掉，但你有時候還是沒辦法，你就是喜歡他們。好像你的心裡蒙上一層煙霧，讓你看不清楚他們的真正意圖。

「所以，跟鄉下地方相比，我們在城市中看到更多人格病態者。在城市裡，要隱匿身分很容易。但是在農村或礦區，想融入當地就不要找些粗活做。

「不幸的是，『人格病態者』和『流浪漢』這二個詞彙總是緊密相連，這讓執法機構十分頭疼。正因為如此，我們的工作有時候實在難得要命。」

飛蛾撲火的啟示

「詹姆斯．龐德心理學」的提倡者喬納森，對於人格病態者有自己的一套理論。他指出，剝削他人這種生意風險很高，往往會以失敗收場。人們不僅時時提防殺人犯和奸詐小人，還會對這種人反應過度，不管合法或不合法。喬納森解釋，如果你打算進行詐騙，就該落落大方，展現魅力，而且要有很強的自尊心，這樣才更容易應付拒絕，也更容易上路繼續逃亡。

龐德當然就是這樣。身為特務，這種事情在所難免，在各州流竄的連續殺人犯也一樣，古時候的雲遊僧人也是如此。不過，雖然這三種人遊蕩的原因各有不同，在人格病態光譜上所處的位置也大不相同，但是他們都受到同一種形而上的指引：不管是跟精神錯亂的罪犯主謀搏鬥至死，還是奪去他人性命莫測高深的邪惡力量，或是超然純粹的永恆遊歷，這些都是對新奇強烈體驗的無盡追求。

這種經驗開放性是人格病態者和聖人共有的特質。如果你記得前文所述，這個特點可是正念冥想不可或缺的因素。不過，這兩種對立類型人士所共有的特質，可不只這一項（見圖7.2）。並不是所有人格病態者都具備精神修行者的特質，反之亦然。但是，如同我們所見，兩者有些特質是重疊的，其中經驗開放性或許是最基本的一項。美國報導文學作家杭特・湯普森一定認同這種說法。畢竟，我們在世上就是要體驗生活。

我在匡提科聯邦調查局把東西收拾好後，就悠閒地南下到佛羅里達州度假。搭機回家前，我在邁阿密市中心閒晃。那是晴空萬里的週日清晨，在小哈瓦那的街道上，我偶然發現一個跳蚤市場。在一桌小擺設上，一疊拼圖旁放了一本《阿奇與梅伊塔貝爾》（*Archy and Mehitabel*），深藍色的書皮被陽光和海鹽染成一種熱帶綠松石般的色彩。這本書原本是由紐約知名專欄作家唐・馬奎

圖 7.2　人格病態特質和精神修行特質的關係

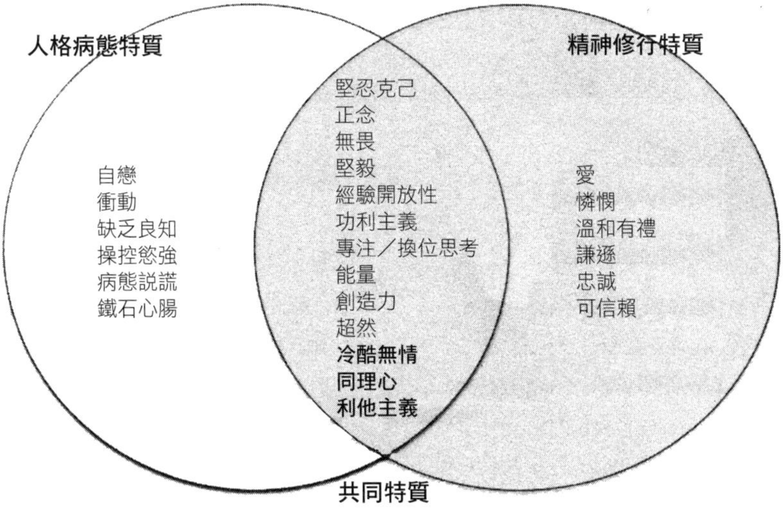

斯（Don Marquis）於一九二七年出版。書中記錄蟑螂阿奇和野貓梅伊塔貝爾這二個虛擬角色所寫的詩。蟑螂阿奇對詩歌有獨特的嗜好，梅伊塔貝爾是一隻轉世的野貓，自稱前世曾是埃及豔后。這對好搭檔就在書中展開稀奇古怪的冒險。

我隨便翻了一下，花幾美元買下這本書，心想搭機回家途中可以看看。那天晚上，在北大西洋四萬呎高空中，我碰巧讀到下面這首詩。

這首詩跟飛蛾有關，卻也是人格病態者的寫照。

我把這首詩影印一份裱起來，放在書桌上，現在這首裱框詩作就在我眼前。好像視野範圍內有個昆蟲紀念品直瞪著我，訴說著飛蛾殘忍不幸的智慧。

我跟一隻飛蛾說話，
在不久前的某個晚上。
他想要闖入
電燈泡裡，
撲向燈絲燃燒自己。

為何你們
要做這種驚險特技？
這是本性，
別無其他原因，
若為無蔽燭火
而非電燈泡，
早已化做灰燼，
難道你失去理智？

我很理智，他答道，
但有時我們厭倦，
厭煩常規，
我們渴望美麗，
渴求興奮。
焰火至美，
我們知道若太近

就會命喪火窟，
但又怎樣？
片刻的歡愉
和與美麗付之一炬，
總比久活，
卻無趣要好，
所以我們將生命
揉成一小團
用力丟出去，
這就是生命的意義。
寧可瞬間美麗綻放，
哪怕因此賠上性命，
也好過長生不老
卻始終無法綻放美麗。
我們對待人生的態度
是來去匆匆，逍遙自在，

我們如昔人，
今人太文明致無法樂活。

在我開口爭辯
勸他放下自身哲學前，
他便轉身，向火獻祭
在打火機上燃燒自己。
我不同意他的觀點，
我寧願
擁有一半的快樂
二倍的壽命。

但我同時希望
有某種東西能讓我如此想望，
為了一償所願不惜燃燒自己。

非典型力量

瘋癲的智慧、偏執的專注、冷酷的堅毅，暗黑人格的正向發揮

The Wisdom of Psychopaths

作　　者　凱文・達頓
譯　　者　陳琇玲
主　　編　李映慧
編　　輯　蔡旻峻

總 編 輯　陳旭華
電　　郵　ymal@ms14.hinet.net

社　　長　郭重興
發行人兼出版總監　曾大福
出　　版　大牌出版 / 遠足文化事業股份有限公司
發　　行　遠足文化事業股份有限公司
地　　址　23141 新北市新店區民權路108-2號9樓
電　　話　+886- 2- 2218 1417
傳　　真　+886- 2- 8667 1851

印務主任　黃禮賢
封面設計　許晉維
排　　版　極翔企業有限公司
印　　刷　成陽印刷股份有限公司
法律顧問　華洋法律事務所　蘇文生律師

定　　價　350 元
初版一刷　2015年1月

國家圖書館出版品預行編目資料

非典型力量：瘋癲的智慧、偏執的專注、冷酷的堅毅，暗黑人格的正向發揮
/ 凱文・達頓（Kevin Dutton）著；陳琇玲譯. -- 初版. -- 新北市：大牌出版：
遠足文化發行, 2015.01
面；　公分
譯自：The wisdom of psychopaths

ISBN 978-986-5797-30-0(平裝)

1.心理病理學　2.精神病患

175.6　　103023790